Mathilde Fachan
créatrice du podcast *Z comme Zodiaque*

Illustrations de Clémence Gouy

ASTRO MAP

DESSINE TA CARTE DU CIEL,

DÉCOUVRE TON POTENTIEL,

ÉCRIS TA PROPRE HISTOIRE !

SOLAR EDITIONS

Choisissez une étoile et ne la quittez pas des yeux.
Elle vous fera avancer loin, sans fatigue et sans peine.

Alexandra David Néel

SOMMAIRE

Carte du Ciel
PASSEPORT
Mes Podcasts
COMME ZODIAQUE
Z Comme Zodiaque
FAQ#1

À L'INTENTION DES NOUVEAUX BACKPACKERS DE L'ASTROLOGIE…

Dans notre société dite « moderne », la lecture du ciel passe souvent pour un charabia nébuleux dont il est facile de se méfier ou de se moquer. Réduite aux horoscopes inventés des magazines, mise en défaut (à tort) par les découvertes astronomiques récentes, l'astrologie subit de lourds préjugés.

En dépit de sa mauvaise réputation, j'ai pu constater, tant lors de mes consultations qu'au sein de la communauté qui suit mon podcast et mes contenus Instagram, que l'astrologie n'attire ni les esprits faibles ni les personnes ignorantes : au contraire ! Il s'agit d'un formidable outil permettant une connaissance nuancée du monde et de soi-même. Son usage m'a personnellement aidée à maintes reprises, pour la gestion quotidienne de mes émotions mais aussi lors d'importantes prises de décision. À travers mon podcast et mes écrits, je m'adresse donc à une audience variée, à toute personne en quête de sens qui cherche à mieux comprendre sa trajectoire et à moins subir les crises de l'existence. J'ai eu la chance d'être introduite à l'astrologie par la parole de deux femmes intelligentes et cultivées qui n'ont jamais opposé leur intérêt pour cette matière à leur curiosité pour les sciences, la littérature et le savoir en général. Le mépris avec lequel l'astrologie est traitée sur la place publique naît d'un vaste quiproquo…

Le principal malentendu, lorsqu'on évoque l'astrologie, vient de cette idée largement répandue que les planètes, ces gigantesques objets célestes se déplaçant à des milliers de kilomètres de nous, influenceraient nos modestes existences sur terre. Pourtant, ce n'est pas ce que défendent la plupart des astrologues… S'intéresser à la symbolique des astres suppose en effet d'adopter une certaine tolérance spirituelle : peut-être que l'existence humaine n'est pas seulement le fruit du hasard. Peut-être qu'une force supérieure, invisible, mystérieuse, nous pousse à développer notre spiritualité pour saisir ses messages, ses invocations à l'équilibre, à l'harmonie, à la paix. Mais seulement peut-être, bien sûr, aucune donnée mathématique ne pouvant le prouver ni l'infirmer !

Si tel est le cas, comment se repérer dans l'existence ? Comment savoir si l'on emprunte la bonne direction, si on fait les bons choix, si on est à la hauteur de ce qui serait attendu de nous ?
L'astrologue propose de relever la tête et d'admirer les étoiles, les astéroïdes, les satellites, réunis sous l'appellation de « planètes astrologiques ». Celles-ci exprimeraient, dans leurs mouvements et dans leurs chorégraphies, un dialogue supérieur, car dépourvu de cette pensée et de cette conscience dont nous autres humains sommes pourvus. Cette pensée intelligente qui peut nous guider comme nous perdre dans ses méandres complexes, nous en bénéficions comme nous la subissons : nos vies ne sont pas que l'expression de nos désirs et de notre liberté, mais aussi celle de nos compromis, de nos croyances limitantes et de nos errances. Nous nous adaptons comme nous pouvons à notre environnement, aux contingences sociétales, économiques, politiques…
Le ciel, lui, est épuré de cette mécanique vivante et bruyante mise en place depuis des millénaires par l'humanité. Il ne fait qu'illustrer cette fameuse force supérieure, sûrement globale, peut-être divine, à laquelle nous peinons à nous connecter tant elle nous dépasse. Les planètes astrologiques véhiculent un message de cohésion cosmique : c'est la pensée de l'astrologue qui permet de les traduire. Les planètes n'influencent donc rien : comme nous, elles ne sont que la manifestation d'un appel à l'harmonie générale… sauf que leur ballet est beaucoup plus facile à interpréter que notre mouvement chaotique et imprévisible d'*Homo sapiens* ! À nous, ensuite, de faire le point sur l'alignement du texte cosmique et de nos propres actions.

Si on approche l'astrologie avec modernité et bienveillance, ce savoir ancestral est une ressource précieuse. Loin de révéler une destinée toute tracée ou de prédire d'infernales et imminentes catastrophes, le déchiffrage par l'astrologie t'invite à te réconcilier, d'une part, avec ton existence matérielle, tes enjeux émotionnels, tes potentiels d'accomplissement, et d'autre part avec l'appel de l'univers.
Le cours de la vie t'amène à occuper toutes sortes de rôles, tant dans les sphères affective, familiale, professionnelle et artistique que dans les sphères sociale et politique. L'astrologie t'offre des clés de compréhension et d'action afin de maintenir ton harmonie intérieure, mais aussi l'équilibre général du monde.
Vaste programme ! Heureusement, pour t'aider à la tâche, le ciel astrologique t'offre des indices, des indications, des conseils, à prendre ou à laisser. Il s'agit de ta fameuse carte du ciel, aussi appelée « thème astral », qui photographie les mouvements célestes au moment de ta naissance et cristallise toutes les informations nécessaires à identifier tes forces, tes failles, tes talents, tes fuites, bref à comprendre les grandes dynamiques de ton existence.

Déchiffrer cette empreinte astrologique te permet de forger ton propre profil et de reprendre la main sur ton récit intérieur : quel type de héros ou d'héroïne veux-tu incarner au quotidien ? Quelle mission souhaites-tu accomplir ? Quels méchants monstres espères-tu abattre ? Décrypter ton profil astrologique permet d'appréhender tes futures péripéties et de travailler sur tes axes d'amélioration et tes potentiels à développer, pour finalement atteindre ton happy end personnel.

Comme une langue étrangère, l'astrologie requiert de nombreuses heures de lecture et de pratique pour se laisser apprivoiser. Si tu t'intéresses à ta carte du ciel sans avoir de temps ou d'énergie à consacrer à l'étude astrologique, plusieurs solutions s'offrent à toi. Les logiciels et les applications d'interprétation sont faciles d'accès, mais il se pourrait que tu restes sur ta faim tant l'analyse globale de ton thème échappe encore aux intelligences artificielles. Prendre rendez-vous avec un ou une astrologue est une autre option, mais peut-être préférerais-tu te familiariser avec ta carte au préalable, afin de mieux saisir les enjeux de votre discussion.

Ce livre te propose de t'approprier ta carte, que tu choisisses de la déchiffrer en autodidacte ou de faire appel à des professionnels qui pourraient t'éclairer encore davantage. Il n'a absolument pas pour vocation de remplacer cette rencontre, mais se propose de t'accompagner dans la découverte et le décryptage de ta carte, de guider la quête de ton histoire astrale, de préparer les grands rendez-vous de ton existence et de tracer des pistes d'évolution qui rendront peut-être ta vie plus douce.

Contrairement aux idées reçues, l'astrologie ne gomme pas le libre arbitre, sinon on troquerait l'expression « carte du ciel » pour « destin du ciel », et « thème astral » pour « fatalité astrale ». Considère ton thème de naissance comme une carte routière : non seulement les trajectoires sont multiples et variées, mais tu n'es en aucun cas obligé d'en emprunter une en particulier. C'est à toi d'étudier les chemins possibles, de décider des étapes incontournables de ton parcours et, au final, de diriger ta trajectoire.

L'astrologie est une matière infiniment riche et vaste : elle compte de nombreuses écoles et façons de la pratiquer. Le sujet est sans cesse renouvelé et se nourrit de l'évolution de notre société. Ce livre n'a pas vocation à aborder tous les sujets, mais à te guider dans la découverte et la construction de ton propre récit astrologique. On ne cesse jamais d'étudier l'astrologie ! Laisse-toi guider par ton intuition, tu pourrais bien compléter ce manuel par des recherches complémentaires...

AstroMap propose de t'informer et d'accompagner ton expérience, tel un humble GPS cosmique : nous t'indiquons les différentes étapes et guidons ta progression, mais tu demeures seul conducteur ou conductrice à bord !

Avant de te lancer, comment utiliser ce livre !

Dans ce livre, je t'invite à apprendre les bases théoriques en les appliquant directement à ton propre thème astrologique, mais aussi :

- *à profiter d'une lecture interactive et à prendre en note, au fur et à mesure, ce que tu as décodé et qui te semble le plus pertinent, dans ton astrojournal, situé à la fin de ce livre et qui rassemblera toutes les informations glanées au cours de ta lecture ;*
- *à compléter et à customiser ton AstroMap détachable, qui illustrera ton cheminement personnel et te servira de feuille de route après la lecture de ce manuel.*

Pour te repérer au fil des pages...

Astrojournal
Tu peux noter toutes tes infos et réflexions dans ton astrojournal, à la fin du livre, p. 242.

Astromap
Reporte-toi au poster détachable et suis les consignes.

Que dois-tu emporter pour ce voyage ?

Imprime ta carte sur Astrotheme et garde-la tout au long de ta lecture : tu pourras ensuite reporter les informations de ton thème sur la carte fournie avec ce livre.

- *Il te suffit de te rendre dans la colonne de gauche du site, à « Astrologie et personnalité → Ascendant et thème astral », et de remplir tes coordonnées de naissance (date, heure et lieu).*
- *Vérifie que l'option « Domification Placidus » est bien cochée (elle se trouve dans les paramètres de calcul, en bas de page) : Placidus était un savant italien du XVIIe siècle, qui pratiquait les mathématiques, l'astronomie et l'astrologie. On lui doit de nombreuses méthodes de calcul astrologique, dont celle utilisée dans ce livre. La case « Thème tropical » doit aussi être cochée.*
- *Décoche les cases « Afficher les aspects aux angles », « Afficher les aspects mineurs », « Afficher les aspects à Lilith et au Nœud nord », « Afficher les planètes hypothétiques » : si tu debutes, il est inutile de te surcharger d'informations qui vont brouiller les pistes. Il sera largement temps pour toi d'y revenir plus tard !*

- I -

L'astrologie, qu'est-ce que c'est ?

Lorsque nos ancêtres ont commencé à penser le monde qui les entourait et à réfléchir à la place qu'occupe l'humanité dans l'univers, leur quête première fut de se repérer. Au jour éclairé qui leur permettait d'agir et de se déplacer succédait la nuit, dont l'astre disparaissait et réapparaissait à intervalles réguliers. Mais les étoiles, elles, se trouvaient toujours organisées de la même manière. Leur disposition disparaissait au lever du soleil, mais permettait d'établir une carte similaire en Égypte, en Mésopotamie, en Grèce, en Inde, au Japon, en territoire celte comme chez les Incas. Dans de nombreuses cultures, cette observation des jours et des nuits qui passent (à laquelle se sont ajoutés celle des saisons et l'établissement des calendriers) a permis un découpage en 365 jours (qui correspond au temps pris par la Terre pour accomplir son tour autour du Soleil), en douze mois et en deux, trois ou quatre saisons selon les régions. Pour se repérer, des légendes et des histoires ont été créées, expliquant les phénomènes climatiques qui avaient lieu au cours de l'année, du cycle végétal à l'adaptation des activités humaines selon les températures et la météo.

UNE SCIENCE COMME UNE AUTRE...

Il fut un temps où on ne dissociait pas avec autant de vigueur les disciplines, tout le contraire de notre société dite « moderne », qui distingue les mathématiques, la physique et la biologie comme sujets d'étude à part, en les considérant comme les seules sciences dures dignes d'intérêt.
Les passerelles étaient nombreuses : chercheurs et savants aspiraient à découvrir des connexions entre leurs connaissances, des liens entre les différentes informations qu'ils percevaient du monde, afin de mieux en percer les secrets.
Thalès et Pythagore, dont les fameux théorèmes géométriques sont encore appris par cœur par les collégiens, pratiquaient ouvertement l'astrologie. Hipparque, géographe et astronome ayant vécu en 150 av. J.-C., se concentra sur les phénomènes d'éclipse et calcula les longitudes des planètes alors connues de notre Système solaire par rapport à un axe invisible appelé Zodiaque. Quant au célèbre Ptolémée, qui vécut à Alexandrie en 140 apr. J.-C., il fut autant reconnu pour son travail astronomique sur la précession des équinoxes que pour ses traités astrologiques, lesquels constituèrent une base de la discipline jusqu'au XVIIe siècle. Les fameuses

éphémérides, tableaux nous informant chaque jour de la position des astres dans le ciel, sont d'ailleurs utilisées tant en astronomie qu'en astrologie.

… OU PAS COMME LES AUTRES ?

Comme beaucoup d'autres disciplines pourtant reconnues, telles l'histoire, la littérature ou la psychologie, l'astrologie ne peut se résumer à un algorithme ou à une formule mathématique. Et quel soulagement ! Si on pouvait la pratiquer afin d'obtenir une réponse tranchée et inébranlable sur la meilleure façon de vivre notre existence, l'humanité l'aurait certainement utilisée à de terribles fins dignes d'une dystopie à la *Minority Report* !

Un des principaux reproches adressés à l'astrologie, c'est que peu de statistiques réalisées en prenant en compte le signe solaire se révèlent pertinentes : il n'y a pas forcément plus de chefs d'entreprise Bélier que de chefs d'entreprise Cancer, de célébrités Lion que de célébrités Taureau… Les exercices statistiques effectués sur la seule base du signe solaire sont peu probants.

Une personne pratiquant régulièrement l'astrologie aura du mal à s'offusquer du constat. À plusieurs titres, il est parfaitement logique : tout d'abord, le Soleil, aussi important soit-il, n'est qu'une composante d'un thème astral parmi d'autres (on le verra plus tard). Ensuite, l'astrologie a pour objet d'offrir des clés de compréhension de nos potentiels et de nos vulnérabilités : c'est à nous d'agir et de trouver les solutions adaptées à notre environnement. Enfin, les statistiques réalisées par les astrologues sont incroyablement plus parlantes, car eux savent qu'il ne suffit pas de regarder le Soleil pour obtenir des informations sur la profession de quelqu'un, ou Vénus pour deviner la teneur de ses histoires d'amour. En revanche, on remarque des tendances franches, suffisamment répétées pour être remarquées : un Jupiter dominant pour les chefs d'État, une énergie Sagittaire présente pour les bêtes de scène pop… Rien d'automatique, bien heureusement, car si l'astrologie évoque nos potentiels, le choix de l'action nous appartient totalement. L'astrologie n'est pas une science : étymologiquement, son nom provient d'*astron*, « étoiles », et de *logos*, « discours » : les planètes expriment des forces en œuvre à travers leurs mouvements dans le ciel… et l'astrologue accepte de devenir leur humble traducteur.

✶

DES ARTS DIVINATOIRES AUX HOROSCOPES DES MAGAZINES

L'astrologie prédit-elle l'avenir ? Les premiers horoscopes, dont les traces nous sont parvenues, remontent à 500 av. J.-C. : on a retrouvé en Mésopotamie des représentations du Zodiaque sous forme de ruban céleste divisé en douze secteurs inspirés des principales constellations repérées par les scientifiques et les observateurs de l'époque. Ces cartes étaient traversées par des représentations de dieux, qui auraient ensuite inspiré la mythologie gréco-romaine. On retrouve dans le Zodiaque babylonien des figures telles que le taureau du Ciel (le Taureau), le poisson-chèvre (le Capricorne) ou encore l'épi d'orge (la Vierge). Les Babyloniens pensaient alors que les dieux décidaient du destin du monarque et de son royaume au moment de sa naissance : leur vision était fataliste et déterministe. En prenant en compte le lieu de naissance de leur souverain et la position des planètes dans les constellations au moment de son arrivée sur terre, ils déduisaient les risques et les succès possibles de son règne, considérant alors que certaines planètes étaient fondamentalement maléfiques (Mars et Saturne) ou bénéfiques (Vénus et Jupiter). L'astrologie moderne ne s'encombre pas de pareils jugements ! Chaque planète, chaque signe, possède ses forces et ses faiblesses.

Après le déclin de la civilisation mésopotamienne, les astrologues de Babylone se frayèrent un chemin tout autour de la Méditerranée jusqu'en Grèce, où ils trouvèrent un formidable accueil. L'exercice devint individuel, et les gens du peuple commencèrent à faire appel à des divinateurs pour être renseignés sur le destin que les dieux réservaient à leurs entreprises, leurs noces, leurs décisions. Quand la civilisation romaine prit le dessus, la pratique de l'astrologie gagna encore en popularité.

La pratique de l'horoscope fut interdite dans nos contrées par l'Église, qui la considérait comme hérétique. Toutefois, au Moyen Âge comme à la Renaissance, elle revint de temps à autre sur le devant de la scène… Au XVIe siècle, Catherine de Médicis, férue d'ésotérisme, fut par exemple conseillée par Nostradamus, tandis que Louis XI appelait à ses côtés l'astrologue Galeotti. Même la papauté fut gagnée par la curiosité (le pape Léon X créa par exemple en 1515 une chaire d'astrologie à la Sapience). À la méfiance des institutions chrétiennes s'ajouta le mépris de nombreux philosophes des Lumières à l'égard de l'astrologie : bien sûr, à l'époque, les superstitions et le manque de connaissances scientifiques devaient rendre l'étude de l'astrologie très hasardeuse, une source de chaos plus que de sagesse. Avec les Lumières, et la prise de conscience que l'homme et la femme sont responsables de leurs actions et de leur destin, la nécessité d'interroger les astres s'est amoindrie. L'essor de la physique et du rationalisme, de l'industrialisation et du matérialisme a aussi participé, aux XVIIIe, XIXe et XXe siècles, à faire tomber l'astrologie en désuétude.

Nous devons toutefois garder en perspective que c'est loin d'être le cas partout ! Dans des pays tout à fait capables de prouesses scientifiques et de développement économique, tels que l'Inde, la Chine ou le Japon, certaines décisions importantes, comme les rachats commerciaux, les signatures de contrat et même les mariages, peuvent (ou doivent !) être considérées par un astrologue, ne serait-ce que pour fixer la date la plus adéquate. Toutes les sociétés modernes n'ont pas mis de côté la spiritualité sous prétexte qu'elles bénéficiaient d'outils merveilleux, garants de progrès, tels les vaccins ou les ordinateurs.
En Europe de l'Ouest, il est vrai que l'astrologie a été mise de côté depuis deux ou trois cents ans. Si de nombreux politiques et chefs d'entreprise ont officieusement recours à des astrologues censés les aider à prendre des décisions, le grand public, lui, ne voit guère que les horoscopes des magazines de mode, inventés de A à Z par des stagiaires appréhendant d'avoir à se renouveler chaque semaine. Quant aux véritables pratiquants, ils utilisent désormais l'astrologie pour se comprendre et se connaître, sans forcément chercher à percer l'inconnu des événements futurs.

PLUS QU'UNE ASTROLOGIE PRÉDICTIVE, UNE ASTROLOGIE CRÉATIVE

De la même manière que les pratiques médicales ou éducatives se sont adaptées selon les époques et les contextes sociaux, les pratiques astrologiques ont su évoluer. Imaginons d'une part un entretien entre Catherine de Médicis et son sorcier de chevet, d'autre part la consultation d'un businessman et de son gourou devant fixer la date idéale de signature d'un gros contrat, et enfin le rendez-vous que tu t'apprêtes à prendre avec un ou une astrologue afin de mieux comprendre le sens de ta vie sur terre : ces trois perspectives donnent lieu à des scènes très différentes les unes des autres.
Nous vivons dans une société considérant largement que la magie et la spiritualité appartiennent à une époque révolue. Pourtant, le regain d'intérêt pour l'astrologie, qui se ressent depuis quelques décennies, va à l'encontre de ce jugement. Alors, comment aborder cette discipline (parfois clivante ou mal comprise) et en bénéficier au mieux ? Deux stratégies s'offrent à toi. Les esprits les plus sceptiques peuvent se servir de l'astrologie comme d'une grille de lecture semblable à celles qu'offrent la psychologie et la psychanalyse. Construire ton récit astrologique réclame de l'honnêteté et de la lucidité envers toi-même, mais offre aussi l'occasion de réfléchir sur toi, de te laisser un temps de réflexion, d'introspection et d'intuition. Il peut amener à travailler sur toi ou à t'accorder du temps pour être mieux dans ta peau, comme le ferait une séance de psychothérapie. Quant aux âmes en quête d'énergies cosmiques, elles peuvent aussi s'ouvrir à

des pratiques aussi variées que les rituels, l'utilisation de plantes et de pierres, ou la consultation du Tarot.

L'astrologie moderne fait appel à l'art narratif : elle se nourrit des contes qui nous ont marqués, des rêves que l'on fait, de nos projections symboliques sur les choses qui nous entourent, des petits détails qui captent notre attention, de nos tics de langage, des surnoms qu'on nous attribue, des rêves dont on se délecte en silence, des cauchemars qui nous hantent, des métaphores et des paraboles qui se matérialisent dans notre quotidien pour donner du sens à nos ressentis, à nos actions, à nos décisions. C'est pour cette raison qu'il s'agit d'une science vivante, qui n'est ni figée ni pétrifiée dans des réponses définitives et absolues, et que cette science est aussi riche de sens, offrant des trésors d'infinies possibilités.

Ce livre te propose donc de faire appel à tes souvenirs, à tes évocations et à ta part de créativité. Ne prends pas ce que tu lis pour acquis ; ne subis pas les appels de l'univers ; si tu ressens un blocage ou une incompréhension, prends-les en note pour les examiner après un temps de réflexion. Libère ta curiosité et ton inspiration, cela n'en rendra l'exercice que plus enrichissant !

AstroMap reste ouvert : il a pour vocation de répondre à tes questions autant que de t'amener à t'interroger. Si l'astrologie obéit à une logique et requiert de la discipline lors de son apprentissage, les réponses sont rarement uniques, fermées ou définitives dans le cadre d'une étude de thème. Si c'était le cas, les astrologues auraient depuis longtemps réussi à produire des algorithmes permettant de prédire ta destinée, or ton libre arbitre ainsi que la complexité de l'articulation d'une vie humaine offrent une multitude de réponses possibles.

Sur ce, il est temps de te souhaiter une joyeuse découverte de ta carte du ciel !

- II -

Te repérer sur ta carte

POUR COMMENCER PAS À PAS…

Pendant des siècles, les astrologues ont été obligés de calculer leurs cartes à l'aide de savoirs géométriques pointus et d'éphémérides, ces annales astronomiques qui décrivent la course des astres degré par degré, sur des centaines d'années. À notre époque, où il est possible d'obtenir ta carte du ciel en deux minutes seulement, il n'est pas nécessaire d'acheter de lourdes encyclopédies !
Il te suffit de connaître ta date, ton heure et ton lieu de naissance, et de te connecter sur astrotheme.fr, par exemple. Le logiciel de ce site est fiable, tu peux lui faire confiance. Dans l'onglet « Ascendant et thème astral », inscris tes coordonnées natales, et hop, c'est parti !
Le site t'indique clairement ton signe solaire et ton ascendant, ainsi qu'une carte du ciel, que nous te proposons d'apprivoiser grâce à ce manuel.

ASTROLOGIE SIDÉRALE OU TROPICALE : LE DILEMME…

L'astrologie coupe le ciel en douze parties différentes, les douze signes du Zodiaque : on distingue deux écoles pour cette répartition.
En astrologie sidérale, on se base sur les constellations pour cette répartition, c'est-à-dire sur les regroupements d'étoiles. Cette pratique est encore utilisée en astrologie védique, mais aussi en Chine ou au Japon, et elle demeure plutôt populaire dans les pays anglo-saxons en raison de leurs liens historiques et coloniaux avec ces régions d'Asie.
En astrologie tropicale, on divise le ciel en douze portions de 30° chacune. À cause des réalités astronomiques liées à la différence de taille des constellations, mais aussi aux axes des planètes qui se modifient légèrement avec les millénaires, cette pratique induit que (par exemple) la portion du ciel dédiée au Bélier ne correspond plus forcément à la constellation du Bélier. Peu importe, car ce sont les planètes et les astéroïdes qui comptent en astrologie tropicale, pas les étoiles. Dans ce livre, il est question d'astrologie tropicale.

LES GRANDS AXES

Imagine que cette carte représente l'état du ciel au moment de ta naissance.

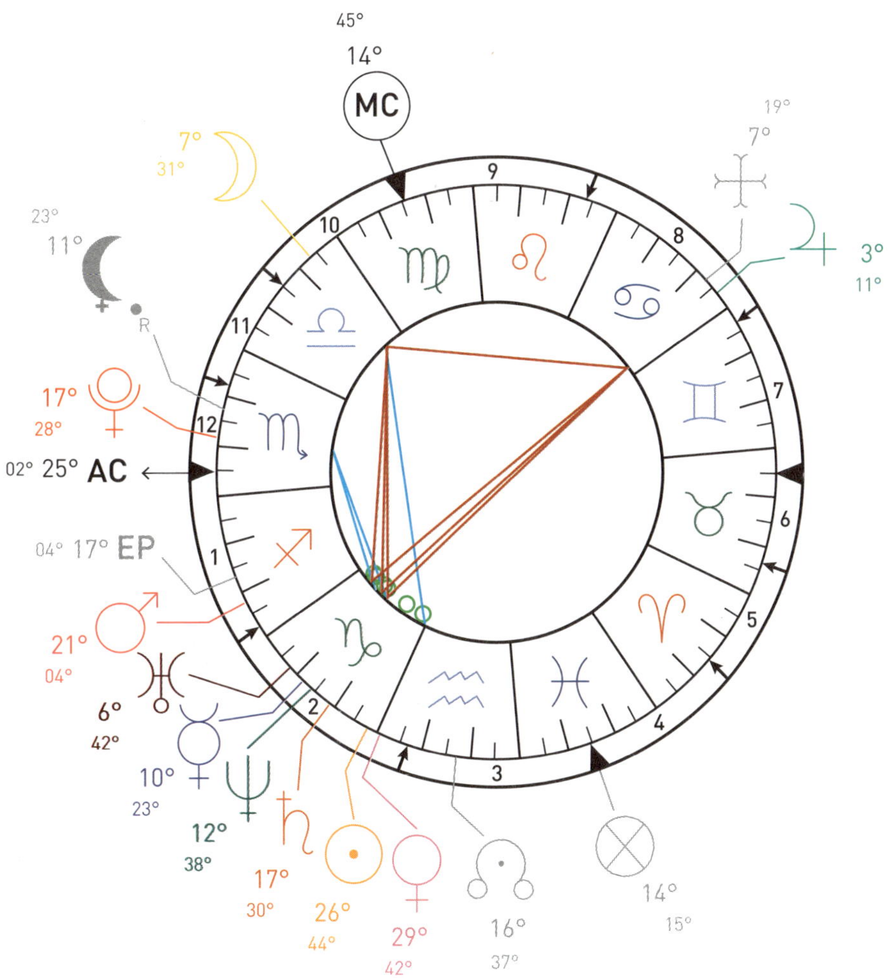

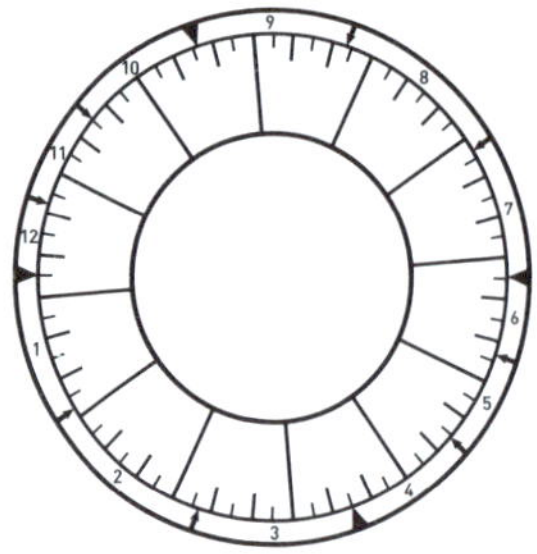

Une carte du ciel est divisée en douze Maisons

Les Maisons correspondent à douze ateliers, douze thématiques possibles de ton existence, que l'on étudiera plus loin en détail.
Dans le cercle extérieur, tu trouveras une numérotation qui va de I à XII, dans le sens inverse des aiguilles d'une montre. Ta Maison I commence sous ton Ascendant ; ta Maison XII se trouve juste au-dessus de ce dernier.

Une carte du ciel est divisée en deux axes

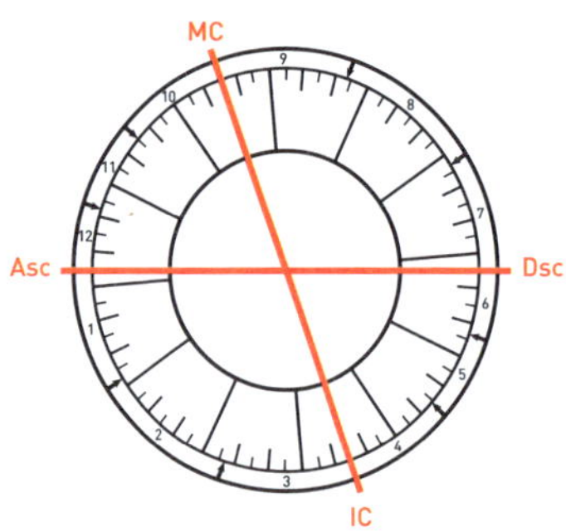

Repère l'axe horizontal : c'est la ligne, notée « AC », qui commence à gauche et dont l'extrémité se trouve sur la droite. Cet axe Ascendant-Descendant va de la jonction entre la Maison XII et la Maison I jusqu'à la jonction entre la Maison VI et la Maison VII. C'est avec lui que commence ta carte : il correspond à la ligne d'horizon au moment de ta naissance. Une carte du ciel constitue une boussole que tu aurais saisie à l'envers : l'est se trouve à gauche (à la ligne de l'Ascendant), l'ouest se trouve à droite (à la ligne du Descendant), le nord se trouve en bas (à la ligne du Fond du Ciel), le sud se trouve en haut (à la ligne du Milieu du Ciel).
Ainsi, si tu es né dans la nuit ou la matinée, il y a de fortes chances que le Soleil se trouve dans le bas de ta carte. Si tu es né entre midi et la soirée, il se trouvera très certainement dans le haut de ta carte.

Repère l'axe vertical : il est noté MC, commence à la jonction de la Maison III et de la Maison IV, et trace une ligne vers le haut, à la jonction de la Maison IX et de la Maison X. Il s'agit de l'axe Fond du Ciel-Milieu du Ciel. Ta carte est comme une boussole inversée : le Fond du Ciel correspond au nord, tandis que le Milieu du Ciel correspond au sud.

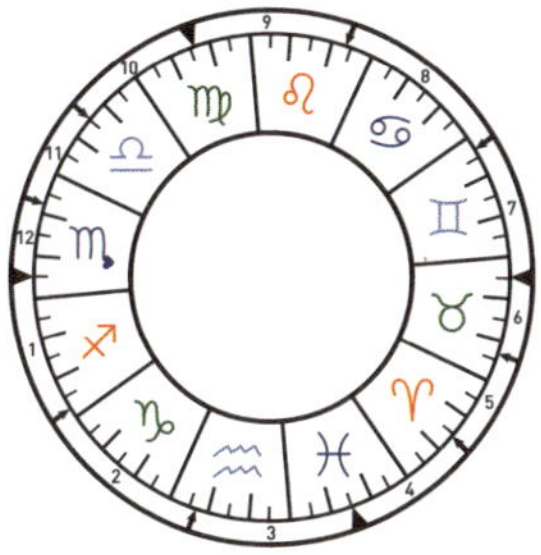

Les douze signes du Zodiaque

Ils correspondent aux symboles à l'intérieur de la carte. Chacune de tes Maisons se trouve donc dans un ou deux, voire trois, signes du Zodiaque.

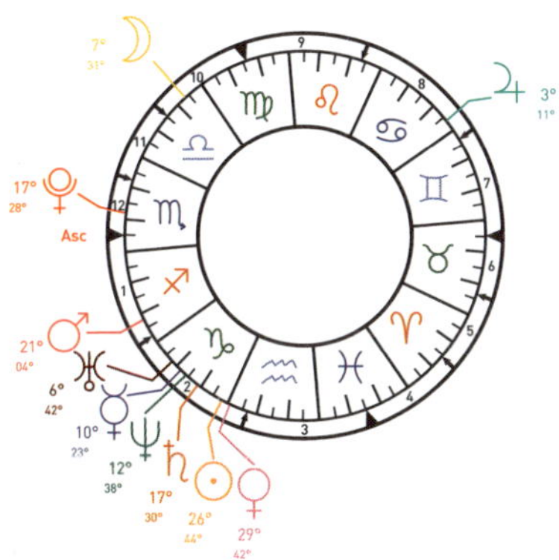

Les planètes astrologiques

Ce sont les symboles en dehors de ta carte. Comme on a divisé le ciel en douze portions égales de 30°, le petit chiffre à côté des planètes indique leur position dans le signe. Dans l'exemple, la Lune se trouve à 7°31' du signe de la Balance.

Le logiciel est très pratique : si tu as le moindre doute sur une planète, clique dessus. Dans le texte qui se déroule, tu découvriras la Maison et le signe dans lequel elle se trouve, ainsi que sa position dans le signe.

Exemple : Lune 7°31' Balance, en Maison X.

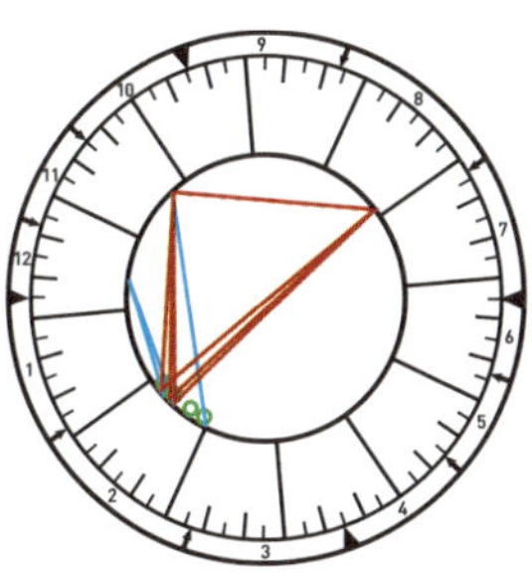

Les aspects planétaires

Ce sont les traits dans le cercle intérieur : ils représentent le relationnel de tes planètes. S'entendent-elles bien ? Entrent-elles en conflit ? Nous les détaillerons plus tard, mais sache que les traits bleus représentent des aspects confortables – tes astres s'allient pour te donner des facilités dans tel ou tel domaine – et les traits rouges figurent des aspects inconfortables, mais pas de panique ! Ils agissent comme des ressorts dans ta vie et t'amènent à trouver des solutions pour satisfaire tout ce petit monde astral !

Pour résumer...

Ta carte du ciel est scindée en un axe horizontal Ascendant-Descendant (est-ouest) et un axe vertical Fond du Ciel-Milieu du Ciel (nord-sud). Elle est divisée en douze Maisons, elles-mêmes réparties dans douze signes du Zodiaque. S'y baladent douze planètes, chacune se trouvant dans une Maison et dans un signe. Ces planètes peuvent former entre elles des aspects confortables ou inconfortables.

TOUTES LES CARTES SONT DIFFÉRENTES, TOUTES SONT BELLES !

Avant de découvrir le Zodiaque et les planètes astrologiques, tu peux déjà faire quelques déductions rien qu'en observant ton thème astral. Que tes planètes soient toutes au même endroit ou pas, que le centre de ta carte montre beaucoup d'aspects ou fort peu, tout va bien : tu peux analyser ta carte en paix !

Tes planètes sont très concentrées à un endroit

L'énergie du signe et la thématique de la Maison qu'elles habitent sont particulièrement présentes dans ton parcours. Quand quatre planètes ou plus se trouvent au même endroit, on parle d'un amas, ou stellium. Sûrement le ressens-tu fortement dans ton existence. Souvent, ces cartes se dévoilent plus facilement, au moins dans un premier temps : les interactions entre planètes sont moins nombreuses et donc plus compréhensibles. Pour autant, la carte n'est pas moins complexe qu'une carte où les astres sont plus éparpillés : il faudra creuser en profondeur la thématique des Maisons, des signes et des planètes en jeu.

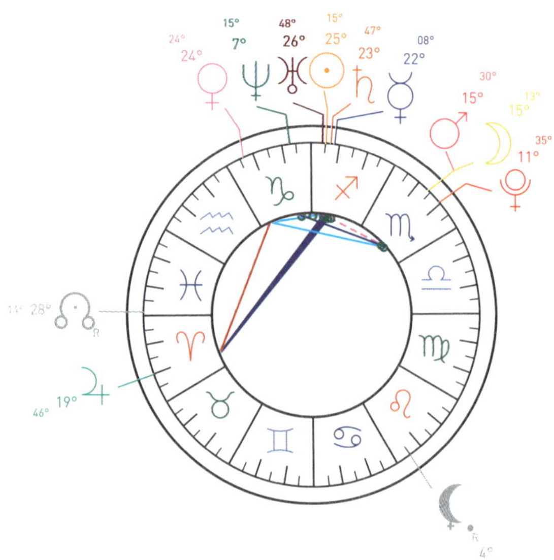

Exemple : carte de Chelsea Manning, née le 17 décembre 1987, Crescent. On distingue un petit amas de trois planètes en Scorpion et un amas de quatre planètes en Sagittaire.

Tes planètes sont plutôt éparpillées sur l'ensemble de ta carte

Tu navigues entre plusieurs énergies. Il est fort probable, dans ce cas, que les aspects planétaires (les traits bleus, rouges et verts au milieu de ta carte) soient nombreux et te donnent l'impression d'une toile d'araignée chaotique, qui part dans tous les sens ! Il est pourtant possible de les analyser un à un. Par ailleurs, tu pourrais trouver ton équilibre plus facilement, car aucune planète, aucune Maison, aucun signe n'attire tous les projecteurs.

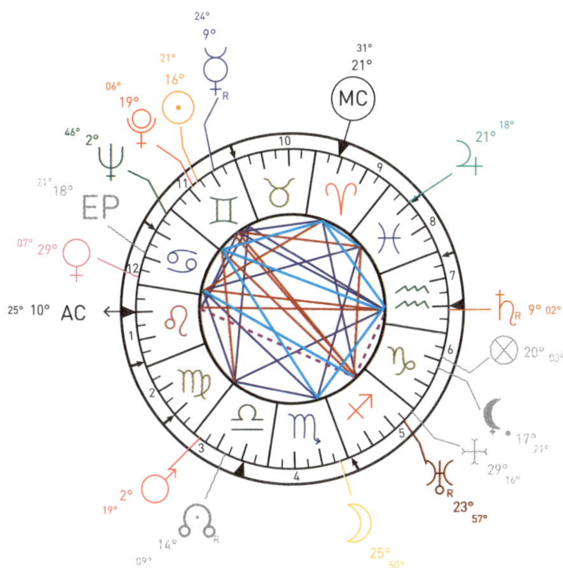

Exemple : carte de Marguerite Yourcenar, née le 8 juin 1903 à 8 heures, Bruxelles. À part trois planètes en Gémeaux, le reste des astres est plutôt éparpillé sur l'ensemble de la carte.

Une planète se retrouve seule dans son coin à l'un des quatre points cardinaux

La planète isolée exerce sûrement un rôle de balancier. Même si elle est opposée à de nombreux astres, l'univers tient à maintenir l'équilibre : elle est donc d'autant plus importante qu'elle est seule pour donner un son de cloche différent.

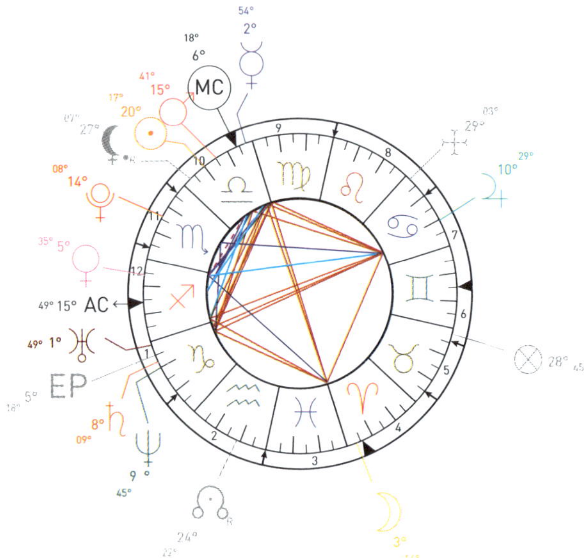

Exemple : carte d'Alexandria Ocasio-Cortez, née le 13 octobre 1989 à 11 h 50, Bronx. La plupart des planètes sont concentrées à l'ouest du thème, tandis que Jupiter, au sud-ouest, et la Lune, au nord, occupent un rôle de balancier.

Tes planètes sont situées dans un seul hémisphère de ta carte

À l'est (à gauche) : l'est d'une carte évoque l'identité personnelle. Peut-être es-tu particulièrement indépendant et centré sur toi (sans forcément être égoïste pour autant).

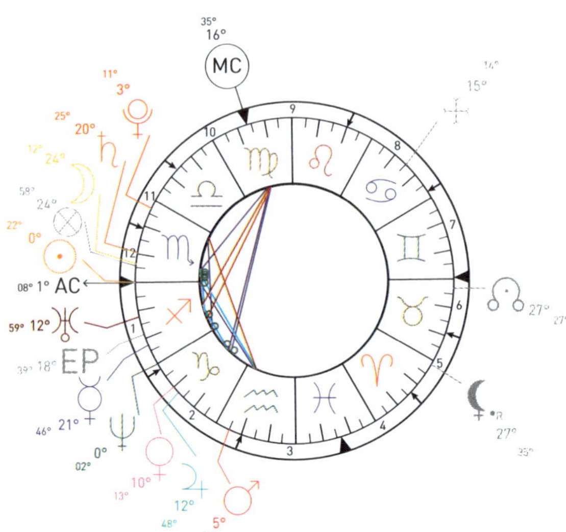

Exemple : carte de Scarlett Johansson, née le 22 novembre 1984 à 7 heures, New York. Toutes ses planètes sont situées à l'est.

À l'ouest (à droite) : l'ouest d'une carte évoque les autres. Peut-être es-tu particulièrement dépendant de tes semblables dans la mesure où tu aspires à du relationnel.

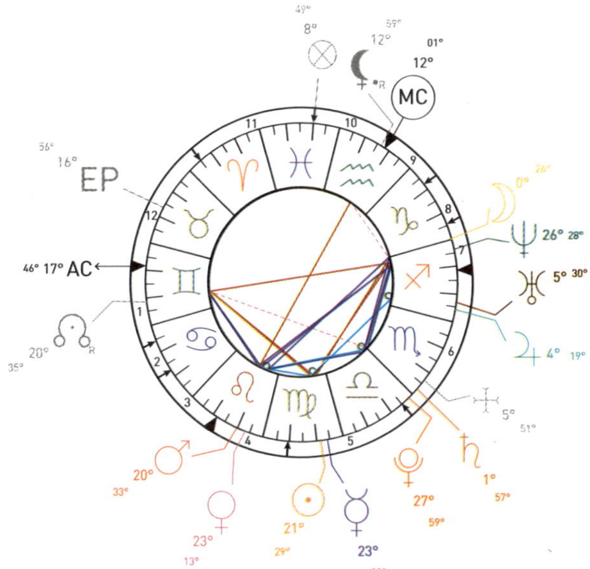

Exemple : carte d'Amy Winehouse, née le 14 septembre 1983 à 22 h 25, Enfield.

Au nord (en bas) : le nord d'une carte évoque la vie intime. Peut-être es-tu invité à développer ta vie intime et privée.

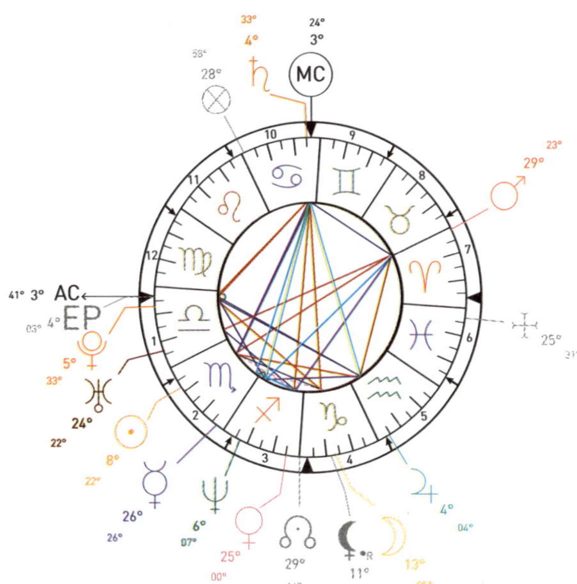

Exemple : carte d'Aishwarya Rai, née le 1er novembre 1973 à 4 h 5, Mangalore. À part Mars et Saturne, toutes les planètes se situent dans la partie nord.

Au sud (en haut) : le sud d'une carte évoque la vie publique. Peut-être es-tu invité à prendre ta place dans le collectif et le social.

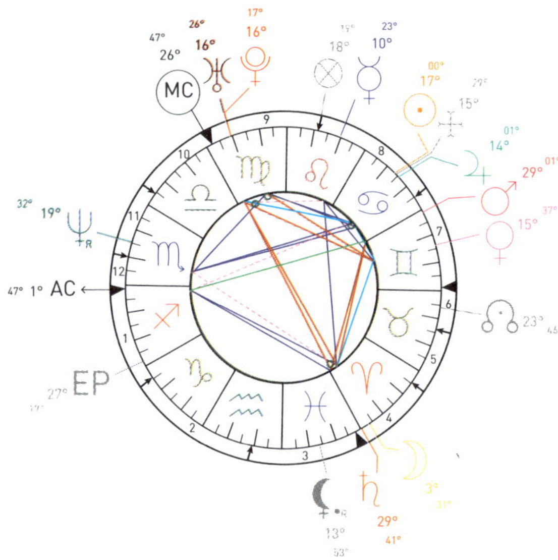

Exemple : carte d'Amélie Nothomb, née le 9 juillet 1966 à 17 h 22, Etterbeek, Bruxelles. À part Saturne et la Lune, situés au nord de la carte, toutes ses planètes se trouvent au sud.

Quelques conseils avant de te lancer

Tu t'apprêtes à décoder différentes informations qui vont rendre ta carte plus familière et compréhensible. Une carte est comme un oignon : elle est composée de plusieurs strates !

- *Ne te braque pas si certaines dynamiques de ta carte te laissent circonspect : elles réclament une gymnastique mentale qui se développera avec le temps. Pas de panique ! Nous allons décortiquer ta carte, strate par strate.*
- *Surtout, rappelle-toi qu'il n'existe pas de bonne ni de mauvaise carte du ciel. Détache-toi autant que possible des croyances fatalistes et des superstitions tragiques : ta carte ne te réserve aucune mauvaise surprise, aucun présage maléfique. L'étude astrologique, aussi mystérieuse soit-elle, est destinée à t'aider : elle te donne des clés de compréhension sur des forces et des doutes que tu portes déjà en toi.*

« Au secours !
Une ou plusieurs Maisons de ma carte sont situées dans deux ou trois signes à la fois ! »

Pas de panique, c'est ce qu'on appelle une Maison interceptée (par plusieurs signes en même temps). À quel signe donner le plus d'importance, dans ce cas ?

* *Soit tu décides d'accorder la même importance à tous les signes qui se trouvent dans cette Maison.*
* *Soit tu décides que c'est le premier signe, celui sur lequel tombe la cuspide (la pointe qui commence la Maison), qui est le plus important.*
* *Soit, si une planète abrite un des signes, tu considères que c'est ce signe qui est prédominant.*

Tu viens de découvrir ton thème ! À quel cas de figure correspond la physionomie générale de ta carte ? Rends-toi à la fin d'AstroMap dans ton astrojournal, p. 243.

- III -

La roue du Zodiaque

LES 12 ÉNERGIES COMPLÉMENTAIRES

Il est temps de découvrir les douze énergies formant la roue du Zodiaque. Tu les retrouveras toutes dans ton thème ; il les contient en intégralité, mais certaines d'entre elles seront plus actives, plus proéminentes, plus dynamiques.
Le Zodiaque est une notion prenant ses sources dans l'Antiquité : il s'agit d'une ronde de douze figures symboliques, toutes singulières et logiques à leur manière. Le Zodiaque s'appuie sur douze constellations existantes parmi les quatre-vingt-huit repérées par l'Union astronomique internationale.
Le nombre douze est particulier : en mathématiques, c'est un nombre hautement composé, pratique et sublime, un nombre Harshad et de Pell. Il divise les heures et même certaines marchandises, vendues par douzaines. Sa symbolique est forte : on trouve les douze tribus d'Israël, les douze apôtres, les douze imams et même les douze travaux d'Hercule. C'est un nombre chargé de mystique et de mythologie.
On serait bien en peine de désigner une origine précise à la mythologie du Zodiaque : elle provient de récits ancestraux et universels, ce qui explique certaines correspondances entre la religion shintô, au Japon, les créatures légendaires d'Amérique du Sud, les récits cosmogoniques d'Asie centrale et la mythologie gréco-romaine. Ensemble réunies, elles se répondent, se contredisent parfois, mais finissent par se compléter et s'équilibrer, alors mets de côté tes réticences sur tel ou tel signe : le Zodiaque ne se comprend qu'à la condition de prendre en compte tous ses joueurs. Maintenant que tu sais qu'ils font tous partie de toi, il t'est impossible de dénigrer un signe du Zodiaque !
Chaque signe nous propose sa perspective, ses couleurs, son intuition profonde. Ils apparaissent dans cet ordre : le Bélier, le Taureau, les Gémeaux, le Cancer, le Lion, la Vierge, la Balance, le Scorpion, le Sagittaire, le Capricorne, le Verseau, les Poissons. Cet ordre est toujours le même, il obéit à une cohérence. Il s'agit d'une promenade complète qui fait le tour de l'existence humaine, de ses potentiels et de ses interrogations.
Chacun dégage une énergie particulière, selon l'élément auquel il appartient (feu, terre, air, eau), sa saison (printemps, été, automne, hiver) et son mode de fonctionnement (cardinalité, mutabilité, fixité), que nous étudierons plus tard.
Comprendre la roue du Zodiaque et repérer où se placent les signes dans ton thème va te permettre de saisir la complétude de ta propre carte.

Tableau récapitulatif des douze signes du Zodiaque

SIGNE	SYMBOLE	SAISON	ÉLÉMENT	MODE
Bélier	♈	Printemps	Feu	Cardinal
Taureau	♉	Printemps	Terre	Fixe
Gémeaux	♊	Printemps	Air	Mutable
Cancer	♋	Été	Eau	Cardinal
Lion	♌	Été	Feu	Fixe
Vierge	♍	Été	Terre	Mutable
Balance	♎	Automne	Air	Cardinal
Scorpion	♏	Automne	Eau	Fixe
Sagittaire	♐	Automne	Feu	Mutable
Capricorne	♑	Hiver	Terre	Cardinal
Verseau	♒	Hiver	Air	Fixe
Poissons	♓	Hiver	Eau	Mutable

C'est à toi ! Déplie le poster, c'est parti !

- *Trouve le signe à partir duquel commence ta carte, à ta ligne d'ascendant qui marque le début de ta Maison I. Une fois le curseur identifié, tu vas voir que la ronde du Zodiaque se déroule toujours dans le même ordre. Dessine le signe correspondant à celui de ton ascendant et trace les deux axes : Ascendant-Descendant et Fond du Ciel-Milieu du Ciel.*
- *Découvre chaque signe et inscris leurs symboles sur ta carte, en faisant attention à ne pas te tromper car les signes doivent te sembler encore un peu... nébuleux !*

Si tu nourris des préjugés pour l'un des signes du Zodiaque, interroge-toi sur tes idées reçues : tu seras certainement amené à réfléchir aux défauts que tu traques en toi-même, ainsi qu'à tes zones de peur et d'angoisse. Rends-toi dans ton astrojournal, p. 243.

LE BÉLIER

♈

Le Soleil se trouve en Bélier du 21 mars au 20 avril*

Initier le Zodiaque pourrait en paralyser plus d'un, alors quoi de mieux que de confier cette responsabilité à cette tête brûlée de Bélier ? À l'instar de l'animal qui le représente, c'est un fonceur : quitte à manquer de réflexion ou de stratégie, il préfère agir spontanément en obéissant à ses instincts bruts, authentiques, parfois primaires.

Il est doué pour les départs et les prises d'initiative, pour commencer, amorcer, attaquer ! Conscient que la vie est une *daily struggle* et que chaque jour constitue une bataille à mener, il se lance dans la vie en réagissant dans le présent, sans se perdre dans une nostalgie passéiste ou le doute par rapport à son avenir. Il sait prendre l'initiative, donner le coup d'envoi, mais ses arrivées peuvent manquer de grâce, et ses aboutissements, de sophistication.

Impulsif, il s'emporte et exagère facilement, et son courage tient davantage de la témérité que de la bravoure. Cependant, ses velléités de pionnier lui donnent une longueur d'avance ! Il s'agit moins d'un chef doté d'une vision à long terme que d'un meneur ou d'un animateur. Il avance plus vite que les autres, en amont du reste de la foule : c'est pour cette raison qu'on le suit.

Le Bélier porte des valeurs combatives et compétitives pour triompher des obstacles qui pourraient avoir sa peau : c'est donc également un signe capable (même malgré lui) d'écraser l'autre, de le vaincre pour asseoir sa domination. Il s'échauffe vite, ses colères peuvent se teinter de violence, et ses déclarations d'intention, devenir de belliqueuses déclarations de duel. Mais le cri de guerre du Bélier est un appel à l'affirmation de soi : il refuse de compromettre sa singularité, de polir son caractère et de renoncer à ce qui le rend authentique.

** Si tu es né au début ou à la fin de la saison d'un signe (par exemple ici, le 21 mars ou le 20 avril), vérifie bien sur Astrotheme dans quel signe se trouve ton Soleil.*

11:41
T'es sûr que ça va passer ...?
Qui ne tente rien n'a rien !
GO GO GO!
ENTREPRENDRE
CLÉS - CONSEILS - RESSOURCES
#1
ENERGY
Eye of the Tiger - The Survivor
D-C60 — TDC
HARDER
BETTER
FASTER
STRONGER

Symbole cursif : les cornes de son animal totem, qu'il utilise pour partir au combat contre un adversaire ou affronter un obstacle en poussant avec force. À l'époque où l'on défonçait les portes des châteaux forts, on utilisait d'ailleurs des poutres appelées « béliers » !

Mode et saison : le Bélier est le signe cardinal du printemps. Il marque le début d'une saison de renouveau qui célèbre le triomphe de la vie sur les ténèbres, quitte à ce qu'elle soit brute de décoffrage.

Élément : le Feu, de l'étincelle créatrice du big bang à celle qui met le feu aux poudres. Gare aux incendies lorsqu'on ne maîtrise pas la flamme !

Paysage : une arène où les gladiateurs s'affrontent pour leur vie !

Qualités : spontanéité et vitalité, esprit d'initiative, fougue, confiance en soi, énergie et efficacité.

Défauts : impulsivité, impatience et imprudence, individualisme, esprit belliqueux, agressivité.

Profil : sportifs, meneurs, leaders, *self-made-men* ou *women*, activités nécessitant une prise de risque (cascadeurs, sports extrêmes…).

De la plus petite à la plus grande échelle : le spermatozoïde qui parvient à féconder l'ovule, premier arrivé à force d'avoir foncé ; le champion qui bat tous ses adversaires en *last one standing*.

Lame de tarot : le Bélier correspond à la carte de la Force, écho de la puissance, d'une tension entre plusieurs pôles ou d'une possible confrontation. Elle n'est intrinsèquement ni bonne ni mauvaise : tout dépend de la direction dans laquelle tu décides de l'employer.

Repère où se situe le Bélier dans ton thème et inscris sur ton poster son symbole ou son nom dans la Maison qui l'accueille.

Est-ce que tu te retrouves dans le signe du Bélier ? Ou peut-être as-tu reconnu une personne de ton entourage ? Rends-toi dans ton astrojournal, p. 244.

LE TAUREAU

♉

Le Soleil se trouve en Taureau du 21 avril au 20 mai

Si le Bélier revendiquait un instinct de vie, le Taureau prend le temps de profiter du goût de vivre et s'épanouit dans une confortable *dolce vita*, tout en développant son instinct protecteur pour maintenir ses richesses matérielles en sécurité. Tel l'animal qui le représente, le signe fait dans la lenteur pesante mais obstinée. C'est à la fois :

* la vache profitant tranquillement de son herbe grasse en ruminant inlassablement ;
* le taureau dans l'arène qui observe, gratte le sol avant de passer à l'action et de se défendre brutalement ;
* le bœuf besogneux, avançant avec lenteur mais suffisamment têtu pour que rien ne puisse l'arrêter ou le détourner du cap qu'il s'est fixé.

Si son assimilation (de connaissances, de sentiments ou de nourritures terrestres) requiert du temps, sa capacité à retenir est forte : il peut amasser au point de s'encombrer, quitte à sombrer dans la boulimie ou la possessivité, à s'étouffer avec ce qu'il absorbe. Très attaché à ses valeurs, craignant la nouveauté qui pourrait menacer son confort, il choisit aisément la routine et il a des idées bien arrêtées flirtant avec les préjugés.

Son considérable pouvoir d'absorption et de captation rend sa recherche d'équilibre absolument primordiale : l'évolution du signe dépend aussi du traitement que lui fait son environnement, tels les terrains gorgés de pesticides qui ne peuvent produire que des fruits empoisonnés. Le bovin manque de réactivité, c'est un animal passif : il lui est d'autant plus difficile de se libérer du joug des passions infernales qui l'envahissent. Quand il est abreuvé d'un divin nectar, le Taureau chante une ode aux plaisirs suaves que nos cinq sens peuvent nous offrir, à la gourmandise et à la bonne chère, aux retrouvailles charnelles qui réjouissent notre part animale, celle qui aspire à ne faire qu'un avec la nature.

suffisance
fait
richesse
Louis Armstrong
What A
Wonderful World
TOO GOOD
Carpe diem

Symbole cursif : en plus de représenter la tête de l'animal susnommé, il s'agit d'un cercle capable de contenir quelque chose, surmonté d'un quartier de lune fertile qui reçoit encore davantage de richesse.

Mode et saison : le Taureau est le signe fixe du printemps. Il revendique pleinement toutes les valeurs de renaissance et les plaisirs terrestres de cette saison.

Élément : la Terre, sol fécond et fertile d'où jaillissent les premières fleurs printanières.

Paysage : un champ d'herbe grasse où broutent paisiblement des vaches aux pis gorgés de lait.

Qualités : constance et persévérance, bonté et fidélité, sens des bonnes et belles choses, générosité et affectuosité.

Défauts : matérialisme, possessivité et jalousie, entêtement et conservatisme, lenteur et paresse.

Profil : banquiers, financiers, professions qui accumulent les richesses ; architectes et bâtisseurs ; paysans, agriculteurs, horticulteurs ; commerçants ; sculpteurs qui créent du beau à partir de glaise ou de pierre.

De la plus petite à la plus grande échelle : le corps, premier outil de notre incarnation terrestre en ce bas monde ; en continuité, notre maison, elle aussi ancrée dans le sol et dans les réalités matérielles.

Lame de tarot : le Taureau correspond à la carte de l'Impératrice. C'est une énergie de vie bienfaisante, créative et féconde, symbole d'engagement et d'amour pour celles et ceux qui nous entourent.

Repère où se situe le Taureau dans ton thème et inscris sur ton poster son symbole ou son nom dans la Maison qui l'accueille.

Est-ce que tu te retrouves dans le signe du Taureau ? Ou peut-être as-tu reconnu une personne de ton entourage ? Rends-toi dans ton astrojournal, p. 244.

LES GÉMEAUX

♊

Le Soleil se trouve en Gémeaux du 21 mai au 21 juin

Si le Bélier aspirait à être et le Taureau à avoir, les Gémeaux pensent. Ce nom évoque instinctivement l'idée de similitude, mais il s'agit surtout de reconnaître la dualité du monde. Le signe est apte à comprendre que le monde dans lequel il évolue peut avoir plusieurs facettes : un endroit et un envers, un côté pile et un côté face, un passif et un actif, un froid et un chaud, un proche et un loin... Il suggère que rien n'est forcément bon ou mauvais, clair ou obscur. Comme dans un match de tennis, les Gémeaux observent les deux adversaires s'échanger la balle, sans forcément prendre parti pour l'un ou pour l'autre.

Cela leur confère une flexibilité considérable ! Les Gémeaux ont besoin de langage pour nommer, différencier et polariser les choses. Le verbe est donc leur outil et leur jouet de prédilection : parce qu'il leur permet de constamment aller à la rencontre de nouvelles idées (la curiosité est l'ennemie de l'ennui !), mais aussi parce que jongler avec les mots offre de multiples voyages et possibilités, d'un concept à un autre, d'une vérité à l'autre...

L'ambiguïté du signe se situe ici : quand on maîtrise l'art de la parole, il n'y a qu'un pas entre communication et manipulation, entre histoires et mensonges, entre vendre et arnaquer, entre s'amuser et faire du mal... La frontière s'amincit rapidement lorsqu'on refuse d'ériger une vérité universelle : c'est aussi mettre de côté les principes de bien et de mal. Les Gémeaux appréhendent l'immuabilité, l'inflexibilité, et donc l'authenticité. Cela les amène à se disperser, à papillonner, à virevolter, à s'agiter sans cesse ; ils peinent à se concentrer et à offrir toute leur attention ; ils refusent de s'engager, d'être honnêtes et fidèles ; ils éprouvent aussi des difficultés à choisir leur camp, et marinent dans leur indécision.

Mais les Gémeaux proposent un bain de jouvence perpétuel : c'est la camaraderie enfantine, le goût du ludique et de la malice, l'attrait de l'inédit, la fraîcheur et la légèreté à n'importe quel âge !

Carambar
BLAGUE DU JOUR
LMFAO
GEMINI
COMICS
5$
METRO CARD
COMEDY CLUB
LES SOIRÉES FOLLES | 21/05-20/06
RANG E PLACE 5

Symbole cursif : ces deux barres verticales reliées par leurs jumelles horizontales évoquent bien sûr la gémellité, mais aussi nos poumons au sein de notre cage thoracique.

Mode et saison : signe mutable du printemps, les Gémeaux remettent en question les aspirations un peu égocentrées des deux signes précédents. Il s'agit désormais de s'intéresser à ce qui se déroule dans notre environnement, en dehors de notre esprit et de notre corps.

Élément : l'Air, qu'on inspire et qu'on rend ensuite, comme autant d'échanges répétés et incessants avec l'extérieur.

Paysage : un rond-point aux nombreux panneaux de direction, et au centre duquel se trouverait une boîte aux lettres.

Qualités : curiosité et ingéniosité, éloquence et vivacité d'esprit, humour et légèreté, flexibilité et capacité d'adaptation.

Défauts : puérilité et dispersion, dilettantisme et effervescence, frivolité et ironie exacerbée.

Profil : métiers de la communication, des télécoms ; éditeurs, écrivains, professions en lien avec le verbe ; postiers, livreurs ; vendeurs, intermédiaires.

De la plus petite à la plus grande échelle : le langage que l'on use pour nommer le monde mot par mot ; les échanges d'idées et de points de vue.

Lame de tarot : les Gémeaux correspondent à la carte du Bateleur. Faux magicien qui dupe son auditoire avec adresse, le Bateleur cherche à s'initier aux connaissances et aux mystères de ce monde avec curiosité et légèreté.

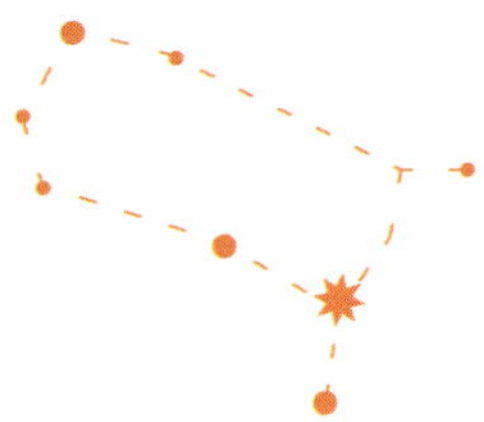

Repère où se situent les Gémeaux dans ton thème et inscris sur ton poster leur symbole ou leur nom dans la Maison qui les accueille.

Est-ce que tu te retrouves dans le signe des Gémeaux ? Ou peut-être as-tu reconnu une personne de ton entourage ? Rends-toi dans ton astrojournal, p. 244.

LE CANCER

♋

Le Soleil se trouve en Cancer du 22 juin au 22 juillet

Imagine une écrevisse ou un crabe doté d'une épaisse carapace protégeant sa moelle des si nombreuses menaces du dehors : c'est le symbole du Cancer, qui cherche à garder en sécurité ce qui lui est précieux, bien au chaud dans son cocon protecteur. Le territoire du Cancer n'est a priori pas le meilleur endroit pour les combattants : c'est un monde qui accueille les rêveurs, qu'il s'agisse des fantasques, plongés dans leurs contes ou leurs histoires favorites, ou des introvertis, qui préfèrent se réfugier dans leur cachette plutôt que d'interagir avec l'extérieur.

L'énergie du Cancer le pousse à ressentir les choses et à développer sa vie intérieure, quitte à se replier sur lui-même. Ses deux stratégies préférées ? Celle de l'escargot et celle de la Lune. La première consiste à se retirer dans sa coquille en cas d'overdose de stimuli extérieurs, en construisant un rempart entre soi et le reste du monde, en demeurant casanier dans son fief ou sa communauté, en s'entourant en priorité de ses proches, de ses enfants, de ses animaux de compagnie ou d'une bibliothèque de bouquins familiers et rassurants. Bien blotti dans son abri, il peut alors se livrer à l'inventaire de ses richesses mentales et affectives. La stratégie de la Lune, elle, consiste à planer en permanence en se laissant vivre au gré des montagnes russes émotionnelles ! Sa sensibilité le guide, le dirige, et parfois l'égare.

L'univers du Cancer somnole : sa sensibilité seule peut l'éveiller de sa sieste-refuge. Son rythme obéit donc aux rituels, aux traditions et aux habitudes répétitives, qu'il instaure pour se structurer.

DREAM ON
DREAM ON
DREAM ON
Recueil de
CONTES

Symbole cursif : un 6 et un 9 imbriqués, ressemblant à deux poissons nageant dans un même bocal ; mais également le yin et le yang, deux énergies contraires cherchant à s'interpénétrer en circuit fermé, au sein de la même cellule.

Mode et saison : le Cancer est le signe cardinal de l'été. Il marque le début d'une saison féconde où l'individu va faire éclore et rayonner ses talents.

Élément : l'Eau, celle du ruisseau d'eau pure « source de vie », mais aussi le liquide amniotique où se développe confortablement le bébé en gestation.

Paysage : un jardin secret enclavé et protégé de tout, au centre duquel se trouvent un puits rafraîchissant et un berceau où dormirait paisiblement un nourrisson.

Qualités : imagination féconde et fertile, forte créativité, sensibilité délicate, immense mémoire.

Défauts : introversion, passivité, vulnérabilité, mélancolie, tendance à se plaindre, conservatisme.

Profil : métiers liés à la petite enfance (nourrices, sages-femmes, école maternelle, service de néonatalité), à l'histoire (archéologues, historiens) et aux histoires (conteurs), à la création, en particulier liée à la gastronomie (source de réconfort) et à la haute couture (qui fait naître des vêtements dignes des personnages de contes).

De la plus petite à la plus grande échelle : la cellule du foyer, d'une famille qui protège ses racines et son clan, et celle de la patrie, sorte de grande tribu qui protège ses valeurs et ses traditions nationales.

Lame de tarot : la carte de la Lune, une énergie de réceptivité, de valorisation de la vie psychique et émotionnelle, d'imagination et de protection.

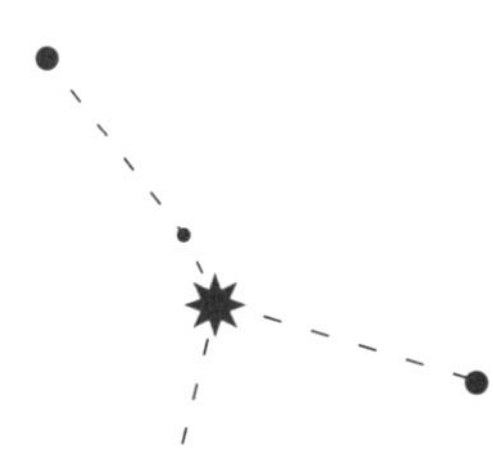

Repère où se situe le Cancer dans ton thème et inscris sur ton poster son symbole ou son nom dans la Maison qui l'accueille.

Est-ce que tu te retrouves dans le signe du Cancer ? Ou peut-être as-tu reconnu une personne de ton entourage ? Rends-toi dans ton astrojournal, ***p. 244.***

LE LION

♌

Le Soleil se trouve en Lion du 23 juillet au 22 août

Après le Cancer, qui marquait un temps d'arrêt et de passivité, le Lion passe de la vie lunaire enfantine à l'étage solaire de la vie adulte : une existence en pleine lumière qui résiste à l'instinct émotionnel, aux obéissances et aux privations consenties, aux automatismes et aux rituels rassurants, qui freinent la maturité et l'épanouissement. Extirpé de son cocon familial, le Lion se forge une destinée grâce à la plénitude de ses facultés.

Le Lion sait aimer : il possède cette certitude intérieure de sa qualité d'être et de sa grandeur qui lui permet d'accéder à son véritable pouvoir personnel. Son esprit ambitieux voit grand, sans se noyer dans le détail ; son cœur sait éviter la mesquinerie, la bassesse, la petitesse, pour préférer la générosité, l'honneur et la droiture. Sa Majesté est au-dessus du lot, mais sait se montrer magnanime et faire preuve de mansuétude ! Par ailleurs, le roi des animaux possède un fort appétit de vivre : c'est un actif, mais aussi un passionné qui domine ses émotions sans les annihiler.

Le signe invite à s'aimer soi afin de réussir à aimer le reste du monde : ne pas remettre son existence en question et se montrer bienveillant avec soi est positif et nécessaire. Un souci d'alignement peut cependant surgir lorsque la haute opinion qu'on nourrit de soi dépasse de loin la valeur réelle de ses actes ! Un Lion excessivement orgueilleux et prétentieux pourrait se soucier davantage de sa réputation que de la pureté de son être. Son test réside donc dans le dépassement de sa susceptibilité et de sa peur du ridicule, afin d'éviter les pièges tendus par les flatteurs de sa cour, dont il est le centre d'attention…

Masse de muscles qui maîtrise ses proies par la force de sa pression, le Lion adore gagner et abhorre la défaite, car l'échec égratigne la haute idée qu'il se fait de lui-même. Il recherche donc une véritable victoire, valeureuse, frontale et fair-play. Plus il convoite et désire, plus ses prouesses sont décuplées : s'il parvient à canaliser et à utiliser ses émotions, ses réalisations sont alors considérables. Cette bousculade des passions, derrière la volonté de maîtrise et de garder pleine conscience de ses actions, fait toute l'exigence et la beauté du signe.

girl on fire
alicia Keys
queen_leo
VIP
CINEMA
LALALAND
09 258 000 412 032
RANG E - PLACE 12
RANG E - PLACE 12
Shine bright like a Diamond

Symbole cursif : le point de départ en cercle représente le soleil, et l'arabesque, son remarquable rayon qui balaie le monde telle la queue de l'animal susnommé. Le Lion est un symbole multiculturel de noblesse, de souveraineté, de vaillance et de puissance.

Mode et saison : signe fixe de l'été, le Lion revendique les valeurs de prospérité et d'éclosion des talents propres à la saison estivale.

Élément : le Feu maîtrisé dans l'âtre, qui nous éclaire, nous réchauffe et suscite toute notre admiration par ses éclats dorés.

Paysage : le tapis rouge, bordé de projecteurs et de flashes, sur les marches d'un palais des congrès.

Qualités : volonté et ardeur, appétit de vivre et soif de conquête, sage maîtrise de ses pulsions, droiture et magnanimité, capacité à s'aimer soi autant que les autres.

Défauts : orgueil et fierté mal placée, susceptibilité et tendances tyranniques, égoïsme et sensibilité à la flatterie.

Profil : producteurs, metteurs en scène ; mécènes ; monarques ; drama kings et drama queens !

De la plus petite à la plus grande échelle : le nouveau-né qui attire sur lui l'amour inconditionnel et les compliments de ses parents pour le seul mérite d'être né ; le monarque qui exerce ses quatre volontés depuis son trône en hauteur.

Lame de tarot : la carte du Soleil, une énergie d'épanouissement et de vitalité, capable d'inspirer les foules, mais aussi d'orgueil démesuré.

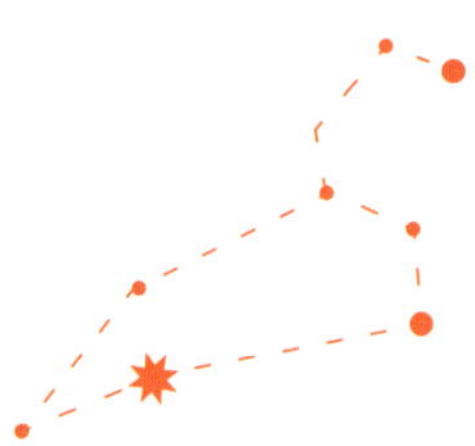

Repère où se situe le Lion dans ton thème et inscris sur ton poster son symbole ou son nom dans la Maison qui l'accueille.

Est-ce que tu te retrouves dans le signe du Lion ? Ou peut-être as-tu reconnu une personne de ton entourage ? Rends-toi dans ton astrojournal, p. 244.

LA VIERGE

♍

Le Soleil s'y trouve entre le 23 août et le 22 septembre

Après le débordement imaginatif des prolifiques Cancer et Lion, le Zodiaque a bien besoin d'un petit coup de propre ! La Vierge propose de trier le bon grain de l'ivraie, de tout ranger et de faire l'inventaire des ressources afin d'anticiper l'hiver à venir. Sa tâche te paraît ingrate ? Pourtant, il faut bien que quelqu'un s'y colle ! Et quelle satisfaction une fois son devoir accompli !

Ce signe se met « au service de » : un sacrifice de l'ego se fait au profit d'une mission à remplir, et peut expliquer une certaine vulnérabilité du signe lorsque son perfectionnisme et sa capacité analytique se transforment en autodénigrement. Se méfiant des excès d'oisiveté, de gaspillage, d'irrespect, la Vierge traque ces défauts chez les autres, mais aussi en elle-même. Une surdose d'autocritique fait émerger des insécurités et divers troubles : angoisse de ne pas se montrer à la hauteur, troubles alimentaires, phobie des germes et des microbes...

Le signe prévoit et planifie, parce qu'il liste tous les possibles qui pourraient menacer sa sécurité et sa tranquillité, d'où sa tendance à construire des barrières cérébrales et intellectuelles pour se protéger des appels de la vie qui secouent ses fondations, tel celui de l'amour. Attention, danger ! De telles émotions réclament un lâcher-prise bouleversant, et poussent parfois même à des prises de décision irrationnelles ou spontanées qui pourraient nuire à la réalisation de sa to-do list... Gare à la décompensation ! La Vierge enfouit ses émois dans une grosse boîte susceptible d'exploser à tout moment : sa tension et sa nervosité n'ont d'égales que son perfectionnisme. Peut-être a-t-elle juste besoin d'être rassurée quant à sa valeur et aux efforts qu'on lui reconnaît... ou d'un brin de fantaisie qui aide à faire passer la pilule ! Les corvées passent toujours plus vite dans la gaieté, et le résultat vaut le coup. Des draps propres participent à la qualité de son sommeil ; ranger et traiter la paperasse garantissent la pérennité de son activité ; l'hygiène alimentaire améliore son énergie quotidienne... La Vierge connaît fort bien cette joie tranquille qui rend le quotidien plus agréable !

GEL
HYDRO
ALCOOLIQUE
L'ART
DU
RANGEMENT
Tu penses que c'est vraiment nécessaire ?
Mieux vaut prévenir que guérir !
LIKE A
VIRGIN

Symbole cursif : une adolescente dotée d'ailes porte une gerbe de blé dans ses bras. Le symbole a été très stylisé, mais c'est bien cela qu'il représente !

Mode et saison : signe mutable de l'été, la Vierge remet en question le déploiement des qualités et des talents auquel se sont livrés le Cancer et le Lion. Jugeant le spectacle ostentatoire, elle avertit les autres signes de la nécessité à renoncer à leur ego tout-puissant pour apprivoiser ensuite… le collectif !

Élément : la Terre, celle qui a accompli son devoir en offrant ses récoltes et qui se trouve à nouveau vierge après avoir été débarrassée de ses fruits.

Paysage : un grenier paysan où sont triés les fruits de la moisson ; un champ de blé aux sillons rectilignes et soigneusement labourés.

Qualités : sobriété et mesure, sens des responsabilités et du dévouement, esprit méthodique et critique, efficacité et pragmatisme.

Défauts : maniaquerie et hypocondrie, austérité et mesquinerie, dénigrement de soi et des autres.

Profil : enseignants dans le supérieur et la recherche, scientifiques traitant de données analytiques ; professions « au service de » (aide à la personne, assistance sociale…) ; artisans respectueux des procédés et du geste parfait ; métiers liés à l'hygiène corporelle et au bien-être (pharmaciens, herboristes, diététiciens…) ; fées du logis ; critiques de presse.

De la plus petite à la plus grande échelle : le trieur qui permet de ranger ses papiers ; les statistiques qui classent les individus selon des données dépourvues d'affect.

Lame de tarot : la carte de la Papesse, une énergie de stratège, de prudence et de sérénité.

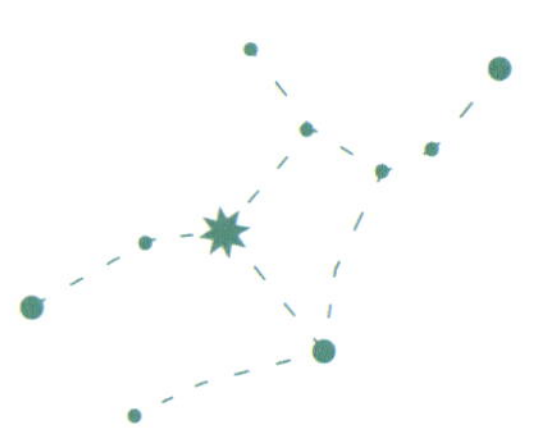

Repère où se situe la Vierge dans ton thème et inscris sur ton poster son symbole ou son nom dans la Maison qui l'accueille.

Est-ce que tu te retrouves dans le signe de la Vierge ? Ou peut-être as-tu reconnu une personne de ton entourage ? Rends-toi dans ton astrojournal, p. 244.

LA BALANCE

♎

Le Soleil s'y trouve du 23 septembre au 22 octobre

Les six premiers signes du Zodiaque étaient profondément individualistes : en tant que signes de printemps et d'été, ils pouvaient se le permettre ! Même la Vierge agit par fierté perfectionniste, davantage que par souci véritable de l'autre. À partir de la Balance, l'attention se dirige vers le collectif : le signe accepte de se limiter un peu, de renoncer à certains traits de caractère, de mettre de l'eau dans son vin, car c'est le prix à payer pour établir un contact avec l'autre : davantage de tolérance et d'échange. Le principe de coopération sociale naît ici ! Signe de paix par excellence, la Balance invite à l'harmonie, à l'équité, à la justice civilisatrice : à quoi bon déclarer la guerre lorsqu'on peut résoudre les conflits grâce à la discussion et à quelques compromis ? Capable d'entendre deux sons de cloche, elle sait assortir et concilier différents points de vue, arrondir les angles et faire preuve de délicatesse. Afin de faire ressortir le meilleur d'entre nous, elle fait preuve de bon goût, d'élégance, de sophistication. S'apprêter au goût de son interlocuteur joue subtilement en sa faveur, d'où son intérêt pour la mode et les apparences, c'est-à-dire l'image qu'elle renvoie et donne d'elle-même. Douée pour trouver le bon mot, le compliment qui fait mouche ou la petite accommodation de la vérité qui enjolive les choses, elle joue de son charme. Sa soif de connexion lui donne des velléités de marieuse et d'entremetteuse : son goût sûr lui permet de combiner harmonieusement les couleurs, de marier à merveille la décoration et la playlist, d'ajuster les lumières au bon moment...

Sa quête d'affection et d'affinités particulières peut cependant la piéger : l'autre agit comme le reflet du miroir, et elle perd son authenticité à force d'essayer de lui plaire. Pour éviter ce piège, la Balance devrait revenir à l'essentiel et se laisser guider par le seul instrument de mesure qui compte véritablement : son cœur.

EAU DE PARFUM
MUSÉE
des Beaux-Arts
PASS
PANTONE
025
024
023
021
020
031
030

Symbole cursif : les deux plateaux essaient de maintenir un rapport d'équilibre entre deux partis. Ces derniers découvrent leur centre respectif au point médian du fléau : ils doivent trouver leur juste milieu !

Mode et saison : signe cardinal de l'automne, la Balance annonce le déclin de la matière. Les températures fraîchissent, il semble imprudent de compter sur sa propre richesse matérielle pour espérer survivre aux frimas. Elle suggère donc de tirer avantage d'un éveil spirituel menant à des associations et à des collaborations.

Élément : l'Air, celui qui disperse les graines à la rencontre du sol qui pourra les accueillir jusqu'au prochain printemps.

Paysage : un étang calme et suave sur lequel les amoureux peuvent se déplacer en gondole. À la lumière tamisée des lampions dans le crépuscule, ils se livrent à de romantiques confidences...

Qualités : tolérance et conciliation, recherche d'harmonie et de justice, élégance et sophistication, charme et amabilité.

Défauts : tendance au caprice et superficialité, tiédeur et indécision, manipulation et incapacité à exprimer son authenticité.

Profil : métiers favorisant les associations (entremetteurs, ressources humaines...) ; professions liées à la justice (médiateurs, juges...), au mariage (organisation de mariages, conseil conjugal...), à l'esthétisme consensuel (mannequins, dandys, célébrités influençant la mode et les tendances grâce à leur blog ou à leur vlog...).

De la plus petite à la plus grande échelle : la poupée de porcelaine inanimée avec laquelle on joue ; la princesse emprisonnée dans son donjon qui attend passivement qu'on la délivre.

Lame de tarot : la carte de la Tempérance, une énergie d'équilibre, de conciliation, d'harmonie et de quête de beauté.

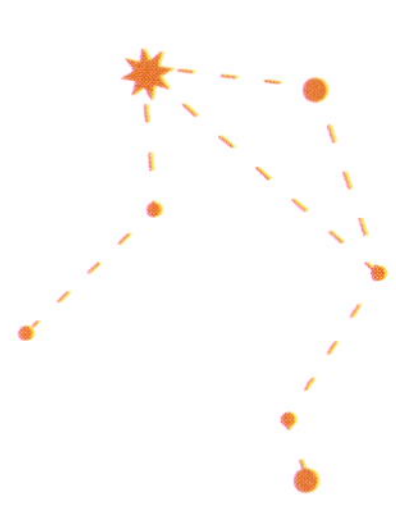

Repère où se situe la Balance dans ton thème et inscris sur ton poster son symbole ou son nom dans la Maison qui l'accueille.

Est-ce que tu te retrouves dans le signe de la Balance ? Ou peut-être as-tu reconnu une personne de ton entourage ? Rends-toi dans ton astrojournal, p. 244.

LE SCORPION

♏

Le Soleil se trouve en Scorpion du 23 octobre au 22 novembre

On raconte qu'un scorpion entouré de flammes préférera mettre fin à ses jours grâce à son dard plutôt que d'attendre la fin… Les biologistes ont expliqué qu'il s'agissait davantage d'un réflexe de panique de l'animal face au danger, mais quelle histoire pourrait mieux symboliser la mystérieuse force pulsionnelle du Scorpion ? Sous son apparence froide, énigmatique, secrète et impénétrable, il dissimule ses ardeurs, ses passions, son impulsivité et son agressivité, toujours en ébullition. Qui s'y frotte s'y pique : si tu me cherches, fais gaffe à mon dard empoisonné ! Adepte des remarques acides et des reparties acerbes, il cloue ses interlocuteurs sur place. Ce faux calme qui cultive le goût des extrêmes a une part sombre qui cristallise de nombreux tabous : la violence, le sexe, les rapports de domination, les secrets, les interdits… La noirceur du monde et des âmes ne l'effraie pas, au contraire ! Les bizarreries, le grotesque, et même la monstruosité, nourrissent son inspiration.

Certes, le signe évoque les thèmes de la mort, du néant, de la douleur et du mal, mais il symbolise surtout la transmutation et la renaissance par ses pouvoirs de dissolution et de désintégration. Sa mauvaise réputation est donc loin d'être méritée : utilisées à bon escient, la puissance de son intuition et sa révolte face aux injustices peuvent constituer des forces considérables.

Le Scorpion accepte qu'une phase de destruction soit nécessaire pour faire table rase de ce qui est périmé, pourri, empoisonné ; et même, il s'en réjouit ! Il faut que Rome s'embrase et se consume pour renaître de ses cendres, plus belle qu'auparavant, et cette fois armée de la certitude que ce qui ne nous tue pas nous rend plus forts !

MEMENTO MORI
Journal
The Raven
Edgar Allan Poe
TAROT
SCORPIONS
BLACK SABBATH
Born Again
Poison

Symbole cursif : il s'agit d'une version stylisée du corps de l'animal, sa tête, son corps et son dard empoisonné prêt à frapper l'ennemi ou à s'autodétruire en cas d'échec annoncé.

Mode et saison : signe fixe de l'automne, le Scorpion revendique les valeurs crépusculaires de sa saison. Toutes les bonnes choses ont une fin : il s'agit de s'autodétruire pour renaître de ses cendres.

Élément : l'Eau, celle des marais, qui stagne mais renferme un bouillon de bactéries nécessaires au cycle de la vie ; celle aussi des liquides qui brûlent, comme les acides.

Paysage : un volcan que l'on croyait endormi et qui, soudain, explose pour cracher la lave destructrice qu'il gardait cachée sous sa carapace de roche.

Qualités : passionné et intense, magnétique et charismatique, instinctif et sensuel, résilient et ne souffrant pas l'injustice.

Défauts : obsessionnel et méfiant, despotique et impitoyable, revanchard et jusqu'au-boutiste.

Profil : professions du funéraire (médecins légistes, pompes funèbres, criminologues...), du sexe (sexologues, vente en sex-shop, cinéma érotique...), de la psychologie et de l'ésotérisme. Tu trouves ces champs d'étude étranges ? L'énergie du Scorpion n'est peut-être pas très présente chez toi, ou il se peut que les tabous de la société aient tué dans l'œuf un intérêt pour ce qui est réputé bizarre, mais inspire pourtant une curiosité existentielle, tant ces sujets sont fondamentaux et présents parmi nous, qu'on le souhaite ou non !

De la plus petite à la plus grande échelle : le non qu'oppose aux adultes l'enfant qui commence à tester son pouvoir ; le non que l'on affirme à l'adolescence pour mettre fin à un ordre établi depuis notre naissance.

Lame de tarot : la carte du Diable, une énergie de pulsion et de désir, d'ambition et d'intensité.

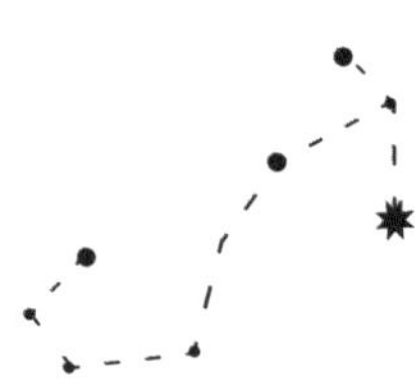

Repère où se situe le Scorpion dans ton thème et inscris sur ton poster son symbole ou son nom dans la Maison qui l'accueille.

Est-ce que tu te retrouves dans le signe du Scorpion ? Ou peut-être as-tu reconnu une personne de ton entourage ? Rends-toi dans ton astrojournal, p. 244.

LE SAGITTAIRE

♐

Le Soleil se trouve en Sagittaire du 23 novembre au 21 décembre

La figure du Centaure est à même d'exprimer la double nature du signe : moitié humaine, moitié animale. Si ses jambes de cheval et ses quatre sabots l'ancrent au sol, sa tête demeure tournée vers les étoiles : la matière et le spirituel sont ainsi réunis. Le Sagittaire propose une synthèse apaisée au dilemme du Scorpion, qui se trouvait déchiré entre la sauvagerie de ses instincts et ses aspirations à la pureté. Pour ne plus se trouver écartelé entre le corps et l'âme, le cérébral et le physique, le spirituel et l'action, le haut et le bas, la possession terrestre et l'aspiration divine, il trouve une troisième voie. Enivré de l'intensité du signe qui le précède, le Sagittaire tend son arc et décoche une flèche qui ira aussi loin que la puissance qui l'habite : elle pointe vers l'infini et donne la direction de l'illimité. Quel beau programme !
Pourquoi choisir entre les nourritures terrestres et les grands espaces spirituels alors que le monde est si vaste et le ciel, gorgé d'étoiles au-dessus de nos têtes ? Lorsqu'on éprouve l'appétit de l'existence, on veut la goûter entièrement, dans tous ses plaisirs, les plus intellectuels comme les plus voluptueux : il s'agit d'unifier, de fusionner et de synthétiser ses expériences. Parce qu'il se sent vite à l'étroit, le Sagittaire a l'appétit du lointain et nourrit une quête d'évasion, de rencontres, de découvertes, d'espace pour pouvoir respirer... quitte à faire preuve de maladresse ou d'enthousiasme excessif. Il cherche à sortir de la boîte, du cadre qui lui est imposé par sa naissance, son éducation, sa culture, afin de participer pleinement à la grandeur du monde. Trop de détails l'étouffe et l'invite à élever le regard pour prendre de la hauteur, s'ouvrir vers l'extérieur, vers des valeurs universelles et supérieures, qui le dépassent en tant qu'individu mais qui ne sauraient le submerger ni le déraciner pour autant.
Si le Sagittaire choisit la route de la sagesse, il bandera son arc à la verticale, en direction des cieux, et prendra le chemin introverti d'une recherche spirituelle et philosophique aux aspirations métaphysiques. S'il est au contraire titillé par des énergies plus sauvages et plus libres, il bandera son arc à l'horizontale et cherchera à explorer les vastes espaces qui l'entourent, à voyager et à découvrir de nouveaux horizons afin de comprendre le sens de la vie et d'atteindre sa vérité intérieure.

TRAVEL GUIDE
AMÉRIQUE LATINE
PASSEPORT
VOYAGE VOYAGE
Côtes du Rhône
VIN DE FRANCE
75 cl
ADVENTURE IS CALLING

Symbole cursif : une flèche de centaure qui pointe vers des horizons spirituels, mais reste entravée par une barre horizontale représentant les réalités terrestres de l'existence humaine. Les horizons peuvent aussi être géographiques !

Mode et saison : signe mutable de l'automne, le Sagittaire interroge le processus de l'automne enclenché en Balance et en Scorpion, qui mène à moins de lumière et à moins de confort qu'à la belle saison. Il nous invite à garder espoir et à réconcilier notre part animale avec notre part divine.

Élément : le Feu, celui des bougies que l'on allume en signe de prière, de l'encens qui brûle dans les temples pour aider la méditation ou de la flamme olympique qui brûle pour représenter un idéal.

Paysage : une oasis dans le désert, où s'installent les tentes des nomades voyageant d'étape en étape.

Qualités : enthousiasme, bienveillance, ardeur, sympathie et tolérance, curiosité et humour.

Défauts : excès et manque de constance, maladresse et vulgarité, paternalisme et arrivisme.

Profil : métiers liés aux voyages ou à l'exploration, à l'équestre et aux motocycles (sortes de chevaux des temps modernes !), au journalisme de terrain, à l'enseignement supérieur de matières telles que le droit, la philosophie ou la théologie.

De la plus petite à la plus grande échelle : le voyage intérieur grâce aux grandes idées ; le voyage extérieur qui pousse à accumuler un savoir universel via des expériences particulières, ou même à s'expatrier.

Lame de tarot : la carte du Chariot, une énergie de vent favorable qui vient en aide à condition de ne rien lâcher, de voyage et de positivité.

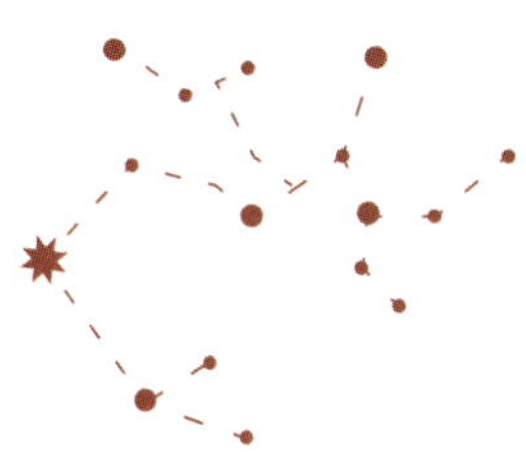

Repère où se situe le Sagittaire dans ton thème et inscris sur ton poster son symbole ou son nom dans la Maison qui l'accueille.

Est-ce que tu te retrouves dans le signe du Sagittaire ? Ou peut-être as-tu reconnu une personne de ton entourage ? Rends-toi dans ton astrojournal, p. 244.

LE CAPRICORNE

♑

Le Soleil s'y trouve du 22 décembre au 20 janvier

« Rien ne sert de courir » pourrait être la devise des natifs de ce signe. Peu importent le temps et les efforts nécessaires à l'accomplissement de sa tâche : les objectifs du Capricorne sont à atteindre coûte que coûte, à force d'endurance, de patience et de maîtrise de soi.

Il cherche à se structurer, à s'élever, à prendre de la hauteur. Pour cela, il doit se délester de tout ce qui pourrait lui faire obstacle : ses pulsions, ses passions, ses émotions, la pluralité de ses centres d'intérêt… Sachant fort bien se pondérer, ne craignant ni la solitude ni les privations, il espère recevoir la rétribution de ses efforts et de son labeur en temps voulu.

Travailleur, rigoureux, consciencieux, le Capricorne se concentre sur sa mission, sur ses ambitions, sur sa réussite professionnelle, sociale, politique, civique. Armé de son sens de l'honneur et des responsabilités ainsi que d'un esprit pratique digne des signes de Terre, il se concentre sur le sommet à atteindre. Lorsqu'on éprouve le froid, on se rétracte afin de lutter contre l'hypothermie : le signe introduit le même repli, destiné à préserver et à conserver les richesses intérieures nécessaires à la réalisation de ses buts. Dense monolithe ancré sur ses principes, il ne craint aucune tempête.

Si le Capricorne sait garder son sang-froid, son cœur n'est pas de glace pour autant : il inhibe ses émotions grâce à des digues protectrices, pour éviter qu'elles ne le ralentissent.

MANUEL DE
PHYSIQUE
QUANTIQUE
42031
Try Hard

Symbole cursif : une boucle descendante et une boucle ascendante représentant le ruisseau dans la vallée, le sommet des montagnes et le chemin nécessaire pour parcourir la distance entre les deux. La créature s'inspire du chamois, capable de s'extirper de la rivière pour gambader sur les pentes montagneuses.

Mode et saison : signe cardinal de l'hiver, le Capricorne établit la nécessité de se concentrer sur l'essentiel pendant cette saison rigoureuse. Renoncer aux pulsions physiques mène à une transcendance collective de notre condition humaine, matériellement très limitée en cette période de l'année où il lui faudrait se rationner faute de vivres, et économiser ses efforts en vue de sa survie physique.

Élément : la Terre, le sol austère qui paraît inanimé et vide de tout élan vital : pourtant, sous une certaine épaisseur de terre, les graines et leurs éléments nutritifs sont conservés et préservés jusqu'au printemps.

Paysage : un glacier enneigé qu'on ne peut atteindre que par un sentier escarpé.

Qualités : endurance et persévérance, droiture scrupuleuse, loyauté et stabilité, patience et maîtrise de soi.

Défauts : intransigeance et inflexibilité, froideur et distance, avarice et morosité, sévérité et autoritarisme.

Profil : métiers liés aux sciences « dures », refusant toute subjectivité (mathématiques, ingénierie, traitement de données...), à la politique, à la gérontologie (car le Capricorne correspond à cette sagesse des vieilles personnes, acquise grâce à l'épreuve du temps), conseillers, bras droits.

De la plus petite à la plus grande échelle : la règle que l'on édicte aux enfants comme principe éducatif, à laquelle on ne peut déroger et qui doit tirer tout le groupe vers le haut ; la Constitution, qui charpente et structure un État.

Lame de tarot : la carte de l'Ermite, une énergie d'intériorisation, d'autonomie, mais aussi de solitude et de méditation.

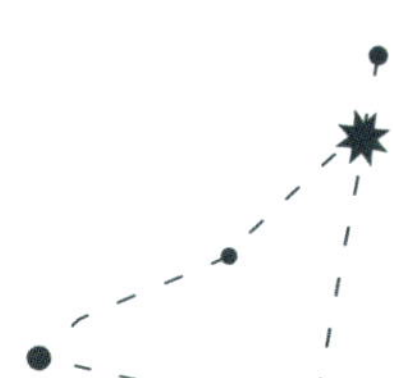

Repère où se situe le Capricorne dans ton thème et inscris sur ton poster son symbole ou son nom dans la Maison qui l'accueille.

Est-ce que tu te retrouves dans le signe du Capricorne ? Ou peut-être as-tu reconnu une personne de ton entourage ? Rends-toi dans ton astrojournal, p. 244.

LE VERSEAU

♒

Le Soleil s'y trouve du 21 janvier au 18 février

L'eau du Verseau est faite d'énergies spirituelles, de connaissances modernes, d'idées novatrices prêtes à se déverser équitablement dans le monde, à la portée de tous et de toutes : tu baignes dans ce vide, cette atmosphère faite d'air et de gaz variés (diazote, dioxygène...), et tu évolues au milieu des ondes sonores et électromagnétiques qui transmettent des informations.
À l'inverse du Bélier et du Taureau, qui lancent la roue zodiacale en la chargeant d'affirmation et d'incarnation de soi, le Verseau et les Poissons s'éloignent au maximum du primitif et du matériel : une dissolution s'enclenche depuis la forte densité proposée en Capricorne. Le Verseau établit une étape entre le monolithe qui le précédait et la liquidité absolue des Poissons, qui lui succéderont. Il cherche à se libérer totalement de l'opacité de ses instincts pour s'orienter vers une fluidité limpide, aérienne, éthérée et angélique.
Cela peut l'amener à se dégager des réalités quotidiennes, à se détacher de lui-même et à observer ses pulsions comme un étranger ou un extraterrestre, un alien qui fait partie des figures symboliques du signe. Aspiré par des mondes supérieurs et divins, il plane bien au-dessus du sol dans sa pureté harmonieuse et paisible, ne ressentant que la paix de l'amour et non ses tourments. Or, les relations intimes et personnelles nécessitent de s'engager, et donc, parfois, d'être heurté par l'attitude de l'autre... ce qui semble insupportable au Verseau ! Il peut alors décider de se couper de sa sensibilité et d'afficher un goût de l'originalité et de l'excentricité qui en font un être à part, ne craignant pas la solitude. Il s'agit de penser *out of the box*, de se distinguer et de se démarquer de ses racines et de son cadre d'origine ! Il aura tout intérêt à se concentrer sur des causes plus grandes que lui (en l'occurrence les grandes réformes, les innovations et les révolutions) pour éviter de s'engoncer dans un autocentrisme qui le rendrait trop baroque, trop braqué, trop extravagant. Indépendant, ravi d'avoir trouvé sa propre voie, il se sent inadapté à son milieu, tels un intrus ou un phénomène étrange que personne n'attendait.

MARCHE
POUR LE
CLIMAT
POUR LE
CLIMAT
B12
COMPLEMENT ALIMENTAIRE
Plus haut
LA CONQUÊTE DE
L'ESPACE
IMAGINE

Mais le Verseau demeure le signe des grandes amitiés, de la solidarité, de la fraternité, de la participation citoyenne, de l'intégration sociale, du progrès, de la modernité et des inventions censées nous libérer des contraintes quotidiennes. S'il se rappelle que science sans conscience n'est que ruine de l'âme, à lui les idées géniales !

Symbole cursif : le symbole égyptien de l'eau, représentant l'onde se répandant de l'amphore inclinée de son vieux porteur. L'Air du Verseau est fluide comme l'eau, de la même façon que les mots « courant » et « onde » peuvent s'appliquer aux deux éléments.

Mode et saison : signe fixe de l'hiver, le Verseau établit le fait que les intérêts collectifs l'emportent sur ceux de l'individu.

Élément : l'Air, électrique comme le courant, magnétique comme l'onde (deux termes rappelant ses propriétés presque aquatiques de malléabilité et d'éparpillement) et puissant comme la tempête !

Paysage : une forêt, utopie végétale qui existe grâce au regroupement faramineux d'arbres tous uniques et singuliers.

Qualités : progressiste et altruiste, visionnaire et inventif, pacifiste et sensible.

Défauts : excentrique et individualiste, susceptible et fébrile, instable et impatient.

Profil : métiers liés aux grandes inventions technologiques (informatique, électricité, nucléaire, radiographie, magnétisme...), à l'aéronautique et aux réformes qui modernisent nos organisations sociétales, aux milieux associatifs.

De la plus petite à la plus grande échelle : l'éclair de génie qui bouleverse le fil de nos pensées avec un fulgurant « Eureka ! », et l'éclair de la tempête qui vient insuffler un changement dans le paysage.

Lame de tarot : la carte du Mat, une énergie de détachement, de liberté et de folle transgression de coutumes dépassées.

Repère où se situe le Verseau dans ton thème et inscris sur ton poster son symbole ou son nom dans la Maison qui l'accueille.

Est-ce que tu te retrouves dans le signe du Verseau ? Ou peut-être as-tu reconnu une personne de ton entourage ? Rends-toi dans ton astrojournal, p. 244.

LES POISSONS

♓

Le Soleil s'y trouve du 19 février au 20 mars

L'utilisation systématique du pluriel pour ce signe n'est pas un hasard : c'est parce que les Poissons ont compris la subtilité de la multitude. L'océan est une accumulation de gouttes d'eau qu'il serait illusoire de chercher à distinguer une par une… tout comme les forces, les énergies et les fils du destin qui nous entremêlent. Les Poissons abolissent toutes les barrières et tous les cadres, certains que nous faisons partie d'un grand tout… même s'ils sont souvent incapables d'expliquer les tenants et les aboutissants de leur conviction ! Il ne s'agit pas d'un savoir obtenu par la raison et l'arithmétique, mais d'un savoir intuitif qu'on appelle « foi ».

L'eau des Poissons abrite des espèces marines d'une diversité féerique, mais elle possède aussi une propriété de dissolution par son immensité et sa capacité à grignoter les îles. La perméabilité aux flux de l'univers des natifs de ce signe ne connaît pas de limite : difficile pour eux de maintenir une séparation nette entre leurs besoins personnels et les désirs des autres. Le bien et le mal étant impossibles à définir, ils se laissent emporter au gré des courants, d'où un certain fatalisme et une tendance à se retrouver victimes de personnes mal intentionnées. Pris de vertiges et d'étourdissements face aux complexes ramifications du monde, ils se retrouvent impuissants.

Leur intuition peut paraître impressionnante, car leur sensibilité aux énergies qui se dégagent et leur perception des écoulements du monde sont immenses. Les Poissons ne sont pas un signe d'action, mais de lâcher-prise. Face à l'activité permanente et à l'acharnement de la verbalisation, ils nous invitent à simplement ressentir ce qui demeure indicible et inexplicable, grâce à la prière, à la musique ou à la poésie.

BELIEVE
À qui sait comprendre peu de mots suffisent
- STING -
Brand New Day
EAU
DE MER
100mL
ENCENS

Symbole cursif : deux poissons s'élancent respectivement vers le haut et le bas. Ils sont toutefois reliés par une barre horizontale qui leur rappelle qu'ils sont connectés quoi qu'il advienne.

Mode et saison : signe mutable de l'hiver, les Poissons t'invitent à lâcher prise, à cesser de te raccrocher à la logique et à la verbalisation, et à t'abandonner à ce que tu crois plutôt qu'à ce que tu sais.

Élément : l'Eau, celle des mers infinies aux contours flous et aux courants puissants, mais également celle du baptême, qui permet de renaître purifié.

Paysage : une plage donnant sur l'océan, sur laquelle on joue avec le sable en observant les baleines au loin.

Qualités : compassion et dévouement, sensibilité et réceptivité, intuition et bienveillance.

Défauts : soumission et vulnérabilité, mollesse et abattement, tentation de la résignation et de la fuite.

Profil : métiers liés à la faune et la flore de la mer, à la voyance, à la thérapie, à la médecine et aux soins, aux arts, en particulier la musique.

De la plus petite à la plus grande échelle : la prière qu'on se récite silencieusement et mentalement ; les chants de gospel pour communier avec le ciel.

Lame de tarot : la carte du Pape, une énergie de don de soi, d'écoute compassionnelle et de spiritualité.

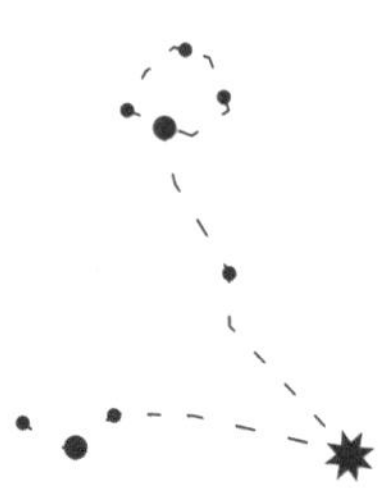

Repère où se situent les Poissons dans ton thème et inscris sur ton poster leur symbole ou leur nom dans la Maison qui les accueille.

Est-ce que tu te retrouves dans le signe des Poissons ? Ou peut-être as-tu reconnu une personne de ton entourage ? Rends-toi dans ton astrojournal, p. 244.

LES 6 AXES : LES SIGNES OPPOSÉS ET COMPLÉMENTAIRES

Les douze signes peuvent être divisés en paires : le Zodiaque étant un cercle, on analyse chaque signe avec celui qui lui est diamétralement opposé. La roue compte six axes différents : mêmes objectifs, différentes stratégies pour chaque couple ! On les appelle les « opposés complémentaires ». Si tu as des planètes placées dans l'un et l'autre des signes de ces six différentes paires, il est possible que la problématique soulevée par cet axe résonne particulièrement en toi.

♈ - - - - - ♎

Axe du Bélier et de la Balance : axe de coexistence
Le Bélier cherche à gagner pour exister par lui-même tandis que la Balance cherche à concilier les intérêts de chacun, quitte à se mettre en retrait.
Pourquoi font-ils la paire ? Le Bélier, qui n'a pas à craindre que la Balance cherche à le dominer, peut ainsi se relaxer ; de son côté, la Balance pourrait être aiguillée par la spontanéité du Bélier. Une position de juge ou d'arbitre nécessite aussi de la force de caractère ! C'est un axe qui interroge la difficulté d'être soi parmi d'autres, de vivre et d'éprouver une victoire personnelle sans écraser les autres.

♉ - - - - - ♏

Axe du Taureau et du Scorpion : axe de possession
Le Taureau cherche à stabiliser la matière tandis que le Scorpion cherche à s'en débarrasser pour passer à un stade de conscience supérieur. Le Taureau est un terre-à-terre prudent, tandis que le Scorpion possède une énergie intuitive et magnétique.
Pourquoi font-ils la paire ? Le Taureau invoque la nécessité de posséder pour vivre, tandis que le Scorpion sait qu'il faut parfois perdre pour survivre. C'est un axe qui interroge notre rapport au corps, à la sexualité et à la richesse intérieure et extérieure.

♊ - - - - - ♐

Axe des Gémeaux et du Sagittaire : axe de connaissance

Les Gémeaux s'intéressent à tout sans prendre parti, tandis que le Sagittaire s'intéresse à tout mais en suivant une trajectoire spirituelle bien définie. Polyvalents, curieux, refusant de s'engager, les Gémeaux tiennent à leur liberté. Le Sagittaire aussi, mais il a besoin d'élire sa vérité universelle pour avancer.
Pourquoi font-ils la paire ? Les Gémeaux gardent un esprit ouvert tandis que le Sagittaire tient à ses principes. Ensemble, ils peuvent progresser vers une élévation spirituelle complète.

♋ - - - - - ♑

Axe du Cancer et du Capricorne : axe de protection

Le Cancer protège ses richesses intérieures tandis que le Capricorne conserve seulement ce qui lui semble indispensable.
Pourquoi font-ils la paire ? Le Cancer chérit les trésors de l'émotion qui lui donnent la force de protéger ce qu'il aime. L'endurance et la froideur du Capricorne le poussent à affronter l'extérieur et à triompher contre l'adversité qui menace la fécondité du Cancer.

♌ - - - - - ♒

Axe du Lion et du Verseau : axe d'individualité

Le Lion sait naturellement comment s'aimer alors que le Verseau valorise l'identité du groupe auquel il appartient.
Pourquoi font-ils la paire ? Le Verseau comprend que le rayonnement du collectif n'a pas à se faire au détriment de sa personne, tandis que le Lion reconnaît que sa superbe naturelle n'a pas grand intérêt si elle devient prétention et narcissisme.

♍ - - - - - ♓

Axe de la Vierge et des Poissons : axe du devoir

La Vierge endosse les contraintes pour ce qu'elles sont tandis que les Poissons dissolvent le principe même de contrainte et d'obligation.
Pourquoi font-ils la paire ? Au contact de son complémentaire, la Vierge apprend que ses actions s'inscrivent dans une dimension beaucoup plus mystique et grandiose que ce qu'elle pensait ; les Poissons, eux, acceptent que l'amour absolu qu'ils ressentent puisse prendre forme grâce à l'organisation et à la méthode de la Vierge.

QUELQUES PISTES POUR ALLER PLUS LOIN

Si tu as des planètes à la fois dans un signe et dans son opposé polaire, est-ce qu'un ou plusieurs de ces six axes sont activés sur ta carte ?
Oui, l'axe du Bélier et de la Balance : on t'amène à réfléchir à ton rapport aux autres. Serais-tu tiraillé entre un besoin d'affirmer ton authenticité brute de décoffrage et un désir de conciliation et de consensus qui éviterait les conflits ?
Oui, l'axe du Taureau et du Scorpion : on t'amène à réfléchir à ton énergie vitale. Serais-tu tiraillé entre des aspirations concrètes à un bonheur simple et des pensées complexes, profondes, mais parfois très sombres ?
Oui, l'axe du Cancer et du Capricorne : on t'amène à réfléchir à ton sentiment de sécurité. Serais-tu tiraillé entre le besoin de te protéger dans l'imaginaire, l'émotion, les histoires et celui de te préserver en affichant une force froide et imperméable ?
Oui, l'axe du Lion et du Verseau : on t'amène à réfléchir à ta valeur propre. Serais-tu tiraillé entre le besoin que tes dons soient reconnus par tous et le besoin que tes talents servent à une cause plus globale et citoyenne ?
Oui, l'axe de la Vierge et des Poissons : on t'amène à réfléchir à ton sens du devoir. Serais-tu tiraillé entre le besoin d'accomplir ton devoir et celui de répondre à un appel bien plus large qu'une simple to-do list ?

Même sans planètes situées dans deux signes opposés, tu peux réfléchir à l'axe reliant ton Ascendant et ton Descendant, et à celui reliant ton Fond de Ciel et ton Milieu de Ciel.

* Ton axe Ascendant-Descendant évoque les qualités et les défauts que tu possèdes spontanément (Ascendant, Maison 1) et les traits de caractère qui t'attirent chez les autres, pour le meilleur et pour le pire (Descendant, Maison 7).
* Ton axe Fond de Ciel-Milieu de Ciel évoque les caractéristiques du milieu d'où tu viens (Fond de Ciel, Maison 4) et les caractéristiques du milieu professionnel ou social où tu t'accompliras (Milieu de Ciel, Maison 10).

Quel est l'opposé polaire...

* ***de ton signe solaire ? Quelles qualités lui reconnais-tu ?***
* ***de ton signe lunaire ? Quelles qualités lui reconnais-tu ?***
* ***de ton Ascendant ? Quelles qualités lui reconnais-tu ?***

Si tu travaillais à obtenir ces qualités, elles pourraient devenir des atouts au quotidien, ou au moins t'indiquer des axes de progression.
Rends-toi dans ton astrojournal, p. 244.

LES 4 SAISONS

Chaque année, le Soleil traverse les douze signes du Zodiaque. Son entrée dans chaque signe marque le début d'une saison solaire : la saison solaire du Bélier, puis la saison solaire du Taureau, puis celle des Gémeaux...
Prends un moment pour réfléchir à la façon dont tu parcours cette existence année après année. Peut-être ta vie est-elle ponctuée de rendez-vous annuels : traditions personnelles, anniversaires joyeux ou commémorations douloureuses, déprime saisonnière ou, au contraire, moments où la météo te galvanise.
Le nombre 12 est absolument magique ! Il se divise en six, en quatre, en trois, en deux... Établir des sous-groupes dans le Zodiaque aide à comprendre la répartition énergétique de ta carte.

Printemps

Le printemps ouvre l'année astrologique solaire : c'est une saison qui marque le commencement, l'initiation, une saison qui établit les fondamentaux de ton existence.

* Le Bélier t'invite à affirmer ton identité d'individu singulier : c'est la base ! Tu es toi, et personne d'autre.
* Le Taureau t'invite à t'incarner : il te faut un corps, une maison, des nourritures terrestres et de l'argent pour prendre ta juste place sur terre.
* Les Gémeaux t'invitent à t'intéresser à ton environnement extérieur et à rester curieux.

Été

L'été déploie ton épanouissement dans la continuité de l'affirmation printanière : le développement de tes amours, de tes talents, de tes compétences.

* Le Cancer t'invite à féconder, puis à sécuriser tes acquis.
* Le Lion t'invite à t'aimer toi-même pour rayonner au monde.
* La Vierge t'invite à accumuler et à parfaire tes apprentissages ainsi que tes compétences.

Automne

L'automne marque le changement météorologique qui nous pousse vers plus d'activités intérieures et moins d'amusements extérieurs. Cette saison, qui souligne que toutes les bonnes choses ont une fin, te rappelle qu'un éveil spirituel est toujours possible, même quand tes mouvements sont limités par le mauvais temps !

* La Balance t'invite à laisser un peu de place aux autres afin de t'associer avec eux : il s'agit de consentir à ne pas être le nombril du monde, et d'accepter les soutiens extérieurs !
* Le Scorpion t'invite à vivre intensément et à trouver dans tes zones d'ombre des forces de résilience insoupçonnées.

* Le Sagittaire t'invite à découvrir de nouveaux horizons et à réconcilier tes besoins spirituels et tes besoins matériels.

Hiver

L'hiver, saison de rigueur et de restriction, t'amène à comprendre que la survie ne peut se faire qu'en groupe : elle te conseille donc de prendre ta place au sein du collectif.

* Le Capricorne t'invite à t'accomplir socialement et politiquement afin de tirer tout le monde vers le haut.
* Le Verseau t'invite à croire aux utopies collectives, fraternelles et audacieuses.
* Les Poissons t'invitent à lâcher prise et à comprendre que tu n'es que le petit maillon d'une grande chaîne universelle.

QUELQUES PISTES POUR ALLER PLUS LOIN

Tu pourrais t'intéresser à des signes dont les valeurs te semblent alignées avec tes ressentis saisonniers. Peut-être même sont-ils occupés par des planètes dans ta carte, qui sait ?

* Les rentrées scolaires et les bonnes résolutions : prête attention aux signes de la Vierge et du Capricorne.
* Les temps de vacances, de loisirs ou d'activités sportives : prête attention aux signes du Lion et du Bélier.
* La découverte de nouvelles personnes lorsque tu changes de travail ou de club : prête attention aux signes de la Balance et du Verseau.
* Les départs en voyage : prête bien attention aux signes du Sagittaire et des Gémeaux.
* Les périodes de cocooning et d'activités dédiées à ta vie intérieure : prête attention aux signes du Cancer et du Scorpion.
* Les moments de relâche et de rêverie : prête attention aux signes du Taureau et des Poissons.

Si une saison domine ta carte du ciel, il est probable que tu te sentes plus motivé ou challengé quand arrive cette période, car cela signifie que le Soleil vient chaque année éclairer cette partie de ta carte !

Pour savoir si une saison particulière se dégage dans ta carte, compte tes planètes situées :

* ***dans les signes printaniers (Bélier, Taureau, Gémeaux) ;***
* ***dans les signes estivaux (Cancer, Lion, Vierge) ;***
* ***dans les signes automnaux (Balance, Scorpion, Sagittaire) ;***
* ***dans les signes hivernaux (Capricorne, Verseau, Poissons).***

Rends-toi dans ton astrojournal (p. 244) pour faire le compte.

LES 4 ÉLÉMENTS

Tout le monde connaît les quatre éléments : Feu, Terre, Air, Eau. Chacun d'eux englobe trois signes, et ils sont très importants dans le Zodiaque : ils nuancent l'énergie de chaque signe et influent sur ces derniers.

Tableau récapitulatif des douze signes du Zodiaque

	FEU	TERRE	AIR	EAU
+	Action, volonté, dynamisme, capacité à affirmer son individualité	Solidité, pragmatisme, fidélité, capacité à construire	Flexibilité, adaptabilité, sociabilité, capacité à conceptualiser	Intuition, sensibilité, créativité, capacité à éprouver des émotions
–	Impulsivité, colère	Matérialisme, prudence excessive	Dilettantisme, nervosité effervescente	Passivité, surcharge d'affect

Fais le compte des éléments les plus représentés dans ton thème : il dépend du nombre de planètes situées dans un élément. Repère chaque planète de ta carte et indique dans quel signe elle se trouve.
Exemple : si ton Soleil se trouve en Bélier, signe de Feu, trace une croix dans « Feu ».
Le manque d'un élément peut mettre en relief une carence personnelle, tandis que la surreprésentation d'un élément peut t'alerter sur tes comportements excessifs.
Exemple : l'Air et la Terre sont sous-représentés dans ta carte mais tu es largement doté en Feu et en Eau ? Tu manques peut-être de capacité à conceptualiser et à concrétiser. En revanche, tes velléités à t'affirmer et à ressentir doivent être fortes : tu réserves une place conséquente à l'excitation et aux émotions.

QUELQUES PISTES POUR ALLER PLUS LOIN

Le manque d'un élément n'est pas une mauvaise chose en soi : on connaît tous de très heureux pragmatiques ne souffrant pas une seconde de leur manque d'imagination, ou de grands sensibles qui traversent la vie sans une once d'inquiétude pour leur survie pratique et économique, et à qui tout sourit ainsi ! Voici néanmoins quelques pistes...

Feu ♈ ♌ ♐

- **Si tu manques de Feu,** tu peux apprendre à t'affirmer davantage : liste ce que tu estimes lucidement être tes qualités et fais-en un mantra à te répéter au quotidien.
- **Si tu as beaucoup de Feu,** tu as sûrement de l'énergie à revendre : inscris-toi à un cours de sport pour te défouler ! La boxe pourrait être l'activité idéale car elle canalise l'agressivité.

Eau ♋ ♏ ♓

- **Si tu manques d'Eau,** tu pourrais développer ta palette d'émotions afin de t'y confronter en douceur : en faisant le plein de playlists inspirantes ou en prenant un abonnement cinéma illimité.
- **Si tu as beaucoup d'Eau,** cet exercice de respiration pourrait t'aider à gérer ta sensibilité lorsque tu te sens submergé par les émotions : inspire, compte jusqu'à 7, expire, compte jusqu'à 7, etc. Recommence l'exercice sept fois d'affilée. Si tu maîtrises la respiration ventrale, c'est encore mieux !

Terre ♉ ♍ ♑

- **Si tu manques de Terre,** tu pourrais apprendre à mieux t'organiser et à prendre les choses dans l'ordre. Arme-toi d'un *bullet journal* esthétique et créatif qui t'aidera à anticiper au mieux tes journées et à être plus organisé.
- **Si tu as beaucoup de Terre,** tu peux te fixer ce défi : une fois par mois, sors de ta zone de confort. Mange quelque chose que tu n'as jamais goûté, essaie un nouveau sport, sors à un endroit inhabituel...

Air ♊ ♎ ♒

- **Si tu manques d'Air,** tu pourrais chercher à nouer de nouveaux contacts, afin de rencontrer des personnalités différentes de la tienne, qui t'apporteront une variété de points de vue. Inscris-toi à un site de correspondance et envoie quelques lettres à différents coins du monde pour te confronter à d'autres opinions.
- **Si tu as beaucoup d'Air,** apprends à te recentrer sur toi sans te disperser dans tous les sens. Accorde-toi des moments de solitude et de silence, en tête-à-tête avec toi-même.

Possèdes-tu plus de planètes en signe de Feu ? en signe de Terre ? en signe d'Air ? en signe d'Eau ? Tu peux t'aider du tableau récapitulatif (p. 246) dans ton astrojournal pour faire le compte.

LES 3 MODES

Les douze signes sont aussi divisés en trois modes, selon la place qu'ils occupent dans leur saison. Qu'ils l'initient, la perpétuent ou la remettent en question, leur mode donne des informations sur le type de tempérament du signe.

Cardinalité ♈ ♋ ♎ ♑
Les signes cardinaux lancent la saison. Le Bélier, le Cancer, la Balance et le Capricorne sonnent le coup d'envoi du printemps, de l'été, de l'automne et de l'hiver.

+ Ils possèdent une vision forte qui réclame d'agir et de faire preuve d'autorité.
– Gare aux tendances dictatoriales et aux actions inabouties !

Fixité ♉ ♌ ♏ ♒
Les signes fixes stabilisent et pérennisent la vision des signes cardinaux. Le Taureau, le Lion, le Scorpion et le Verseau persistent et signent dans l'affirmation de leurs valeurs saisonnières.

+ Ils font preuve d'authenticité et de stabilité.
– Gare au jusqu'au-boutisme et à l'entêtement !

Mutabilité ♊ ♍ ♐ ♓
Les signes mutables remettent en question la dynamique de leur saison et annoncent la saison suivante. Les Gémeaux, la Vierge, le Sagittaire et les Poissons suggèrent un chemin différent de celui des signes qui les ont précédés.

+ Ils sont capables de s'adapter et de se transformer.
– Gare à la versatilité et au questionnement permanent !

Fais le compte des modes les plus représentés dans ton thème : il dépend du nombre de planètes situées dans chacun d'eux. Repère chaque planète de ta carte et indique dans quel signe elle se trouve.
Exemple : si ton Soleil se trouve en Bélier, signe cardinal, trace une croix dans « Cardinal ».
Le manque d'un mode peut te donner des indications sur une carence personnelle, tandis que sa surreprésentation peut t'alerter sur tes comportements excessifs.

QUELQUES PISTES POUR ALLER PLUS LOIN

Cardinalité

* **Beaucoup de cardinalité** indique une capacité à agir et à prendre des initiatives, ainsi qu'à défendre ses idéaux ou sa vie elle-même. Un excès de cardinalité, en revanche, peut expliquer une réticence à la nouveauté et une difficulté à s'adapter. Tu n'as pas à être leader partout et de tout le monde : les prises d'initiative peuvent aussi se partager, et les projets se réaliser à plusieurs...
* **Un manque de cardinalité** indique que tu n'es peut-être pas un pionnier et que tu peines à prendre des initiatives de ton propre chef ! Soit tu peux t'associer à des personnes acceptant le rôle de chef d'équipe, soit tu peux te donner comme défi d'imposer une prochaine décision, que ce soit dans le cadre de ton travail, de ton couple ou dans ta sphère amicale, en te demandant pourquoi ton initiative vaudrait moins que celle d'un autre.

Fixité

* **Beaucoup de fixité** indique de la loyauté et des désirs puissants. Un excès de fixité, en revanche, peut expliquer une tendance à un conservatisme rigide et borné. Essaie de garder un esprit ouvert quant à ce que les autres peuvent t'apporter : tu n'as pas forcément réponse à tout... C'est d'ailleurs une bonne nouvelle, car la responsabilité serait bien trop lourde à porter !
* **Un manque de fixité** indique que tu peines peut-être à pérenniser tes actions, tes désirs, tes pensées. Soit tu peux t'associer à des personnes plus stables que toi, soit tu peux te donner comme défi de rester fidèle à une décision, à une habitude, dans n'importe quel cadre, en te demandant ce qui te fait peur dans l'idée que quelque chose en toi puisse prendre racine et survivre à l'épreuve du temps.

Mutabilité

* **Beaucoup de mutabilité** indique de la flexibilité. Un excès de mutabilité, en revanche, peut expliquer une difficulté à se stabiliser, tant les objectifs, les émotions et les principes de vie peuvent sembler contradictoires. Tâche de faire la différence entre ta capacité d'adaptation (qui est fort utile) et la fuite en avant (qui te priverait de ces belles expériences que sont la persévérance ou la continuité...)
* **Un manque de mutabilité** indique que tu peines peut-être à évoluer et à te remettre en question. Soit tu peux t'associer à des personnes fonctionnant de manière plus souple que toi, soit tu peux te donner comme défi d'effectuer des petits changements dans ta vie, en te demandant ce qui t'inquiète dans les nouveautés que tu essaies d'esquiver.

Possèdes-tu plus de planètes dans les signes cardinaux ? dans les signes fixes ? dans les signes mutables ? Tu peux t'aider du tableau récapitulatif (p. 246) dans ton astrojournal pour faire le compte. Le manque d'un élément peut te donner des indications sur une carence personnelle.

- I V -

Les planètes astrologiques

LES RÔLES DE TA VIE

Les astres accomplissent des missions pour ton rayonnement et ton ego : nous allons le voir, cette partie de toi est justement symbolisée par le Soleil... Les autres planètes agissent dans le giron de cette étoile, qui illumine et réchauffe toute ta carte. Comme l'astre solaire représente ta volonté de réussir, on peut considérer que les planètes astrologiques cherchent à remplir leur rôle... pour toi et pour ton envie de réussir dans la vie !

On reste souvent focalisé sur les douze signes, mais les vraies stars d'un thème natal sont les astres eux-mêmes. Si les signes sont des décors de théâtre, les planètes seront les acteurs et les actrices amenés à surgir sur le plateau, les différents personnages de notre récit intérieur. C'est à eux qu'on va confier les missions inscrites sur le fronton de chaque maison.

Rappelle-toi tous ces récits où héros et héroïnes font converser un ange et un diable logés sur leurs épaules, où ils inventent des personnages imaginaires, où plusieurs doubles d'eux-mêmes essaient de prendre le contrôle de la situation... Des bandes dessinées à *Vice-Versa*, des studios Pixar-Disney, nombreuses sont les histoires où les personnages se dédoublent pour laisser plus de place à différentes voix intérieures. Toi-même, tu as sûrement déjà fait converser à voix haute plusieurs pensées qui te traversaient l'esprit au moment de prendre une décision épineuse...

Les planètes qui habitent ta carte sont ces différentes voix, et il est temps pour toi de partir à leur rencontre. Il existe douze signes et douze planètes astrologiques. Ces planètes possèdent une personnalité propre, et chacune traverse le Zodiaque à son rythme : il existe des planètes rapides, qui marquent avant tout nos dynamiques personnelles et intimes (la Lune, par exemple, met 28 jours à traverser le Zodiaque), et des planètes lentes, qui symbolisent surtout nos destinées collectives (Pluton, la plus lente parmi toutes, met environ 250 ans pour effectuer le même trajet).

L'action de chaque planète va être influencée par le signe dans lequel elle se situe : on agit en fonction du lieu dans lequel on se trouve, et nos réactions dans un lieu familier seront différentes de celles que nous aurions dans un endroit qui nous dépayse.

Chaque signe constitue une étape pour l'astre qui y pénètre. Certaines sont agréables et bienvenues, d'autres le fragilisent et le déstabilisent.

Les Luminaires : le Soleil et la Lune

Il s'agit des deux seules planètes astrologiques dont la lumière se réfléchit sur terre : on les appelle les Luminaires. Respectivement étoile et satellite, ils éclairent ta vie extérieure pour le Soleil et ta vie intérieure pour la Lune.

On a trop tendance à résumer le profil astrologique d'une personne par le signe qu'occupe le Soleil dans son thème. En effet, si tu affirmes que tu es Bélier, c'est parce que le Soleil s'y trouvait au moment de ta naissance. Cela dissimule la complexité de ta personnalité. Le Soleil représente ton idéal à atteindre, la nature de la réussite que tu convoites, mais ton attitude, ta communication, ta sentimentalité peuvent réagir très différemment de l'archétype de ton signe solaire si, par exemple, ton Ascendant, Mercure ou Vénus se trouvent ailleurs.

Les deux Luminaires sont particulièrement pertinents dans un thème. Un bon conseil : accorde au moins autant d'importance à ton signe lunaire qu'à ton signe solaire ! La Lune et le Soleil forment un binôme particulier : certains les comparent à un couple royal autour duquel s'articule toute ta carte. La Lune représente les énergies yin : réceptivité, passivité (un mot jugé de façon péjorative dans notre société, alors qu'accepter les choses avec sagesse est sûrement ce que nous avons le plus de peine à faire !), émotivité, hérédité. Le Soleil représente les énergies yang : action, vitalité, volonté, libre arbitre. À ce titre, leur entente, ou leur rivalité, pourra jouer un rôle majeur dans ton existence.

Féminité et masculinité en astrologie

Si tu connais le concept de yin et de yang, tu sais déjà qu'on associe traditionnellement la Lune à la féminité et le Soleil à la masculinité. Chacun aurait donc en soi une part de féminité et une part de masculinité.

Tu peux considérer qu'il est pertinent de parler de féminin et de masculin, car, qu'on le veuille ou non, nos sociétés perpétuent la différenciation des sexes. Les hommes et les femmes qui peinent à se connecter avec les valeurs attribuées à leur genre sont nombreux, et un éclairage astrologique peut les aider à mieux accepter leurs contradictions ou leur ambivalence. Tu peux aussi, selon ta sensibilité, choisir de parler de réceptivité pour le yin et de proactivité pour le yang. C'est le cas d'un bon nombre d'astrologues modernes, qui essaient d'échapper aux carcans du genre. À toi de voir, tu es libre…

Il n'y a pas de bonne ou de mauvaise méthode, et surtout pas de jugement de valeur : le yang ne prime pas sur le yin, ni le yin sur le yang. Il s'agit de trouver ton propre équilibre entre ces deux énergies et au sein du couple de Luminaires de ta carte.

4 planètes de communication : Mercure, Vénus, Mars et Cérès

Les quatre planètes suivantes sont des planètes de communication : elles expriment la volonté solaire de réussite et l'aspiration lunaire à la paix intérieure.

* Communication par le langage avec Mercure, à l'aide des mots et des gestes.
* Communication par le sentiment avec Vénus, à l'aide des affinités et de la sensibilité.
* Communication par l'action avec Mars, à l'aide de la combativité, de l'agressivité.
* Communication par la logique avec Cérès, à l'aide de la raison, de la compétence.

2 planètes collectives : Jupiter et Saturne

Jupiter et Saturne expriment les rôles que tu peux jouer au sein du collectif, ta manière de t'intégrer, mais aussi ce à quoi tu dois renoncer pour mûrir au sein du groupe.

* T'intégrer dans le collectif par l'expansion grâce à Jupiter, qui te fait croître et croire en ta bonne étoile.
* T'intégrer dans le collectif par la restriction grâce à Saturne, qui teste la solidité de ta structure et ta confiance en tes efforts.

3 planètes de transcendance : Uranus, Neptune et Pluton

Les planètes suivantes sont qualifiées de trans-saturniennes : elles sont situées au-delà de Saturne, et leur rythme est si lent qu'aucune ne parvient à faire le tour intégral du Zodiaque au cours d'une vie humaine. Par exemple, Uranus met à peu près 84 ans à visiter la roue du Zodiaque (soit environ 7 ans par signe), Neptune, 165 ans (soit environ 14 ans par signe), et Pluton, 250 ans (soit environ 20 ans par signe).

On les dit aussi « générationnelles », car elles marquent durablement les natifs sur plusieurs années : les personnes d'une même génération auront ces planètes dans le même signe. Leur position dans le signe est surtout pertinente en astrologie mondiale, afin d'analyser les époques et les événements qui affectent notre géopolitique et notre économie globalisée : pour une carte du ciel personnelle, il s'agira davantage d'analyser leur place dans les Maisons et les aspects qu'elles forment avec les planètes plus rapides (voir pp. 119 et 205).

LES DIGNITÉS PLANÉTAIRES

Voici un peu de théorie astrologique : il existe six étapes possibles pour une planète, selon le signe du Zodiaque dans lequel elle se trouve. Une ou plusieurs planètes peuvent se situer dans un signe où elles sont déstabilisées ou, au contraire, galvanisées ! Dans les deux cas, ce n'est ni une bonne ni une mauvaise chose, juste une information à noter pour mieux l'analyser ensuite. Connaître les différentes dignités d'une planète peut t'aider à mieux comprendre sa mission, et à appréhender la Roue du Zodiaque avec davantage de nuance et de finesse !

Domicile ⌂
Il s'agit de la zone de confort d'une planète : c'est son royaume, le territoire où elle peut jouer son rôle fidèlement, sans tricher. Elle est à sa place, dans sa résidence attitrée.
Exemple : Mars est en domicile dans le Bélier, signe de Feu.

Joie J
Quand la planète se trouve dans un signe qui appartient au même élément que son signe de domicile, elle est en joie : c'est un aspect positif mineur.
Exemple : Mars est en joie dans le Lion et le Sagittaire, qui sont les deux autres signes de Feu du Zodiaque.

Exaltation ↑
Il s'agit du signe dans lequel les qualités de la planète sont décuplées, et leurs missions, valorisées : l'astre est galvanisé, presque enivré ! Il ne se trouve pas dans une maison rassurante, mais dans celle d'un ami qui prend soin de lui et lui offre des cadeaux.
Exemple : Mars est exalté en Capricorne.

Exil ↕
La planète est exilée dans le signe diamétralement opposé à son signe de domicile. Elle se trouve dans un signe qui, bien qu'ayant le même objectif que son signe de domicile, a choisi une stratégie radicalement différente. D'abord en position inconfortable, faisant l'expérience de l'impuissance, elle peut néanmoins apprendre une leçon précieuse et développer une qualité supplémentaire qui, pour peu qu'elle accepte de se remettre en question, lui fera tirer son épingle du jeu.
Exemple : Mars est exilé en Balance.

Chute ↓
La planète chute et échoue dans ce signe à s'exprimer avec aisance : c'est comme si elle n'y était pas attendue. Elle est entravée et devient moins puissante. C'est

certainement la position la plus incommodante pour l'astre, qui y perd son élan naturel. Pour affronter cet obstacle, il lui faudra carrément reconcevoir la nature de sa mission, car elle ne peut être accomplie telle quelle, il sera nécessaire de se réinventer.
Exemple : Mars chute en Cancer.

Pérégrine

Dans les signes où elle n'est ni en domicile, ni en joie, ni exaltée, ni exilée, ni en chute, la planète est pérégrine : elle se promène et s'imprègne des énergies du signe où elle se trouve sans que cela soit particulièrement confortable ou inconfortable pour elle. Mais cela te donne des informations sur la manière dont elle accomplit sa mission !
Exemple : Mars est pérégrin en Gémeaux.

Comment résumer les énergies dont les planètes s'imprègnent dans les signes où elles sont simplement pérégrines ?

- ➡ En Bélier, l'astre s'imprègne d'ardeur, de dynamisme, d'impulsivité et de combativité.
- ➡ En Taureau, l'astre s'imprègne de matérialité, de concrétisation, de lenteur et de plaisir terrestre.
- ➡ En Gémeaux, l'astre s'imprègne de communication, de langage, de versatilité et de consensus.
- ➡ En Cancer, l'astre s'imprègne d'intériorité, de fécondité et de besoin de sécurité.
- ➡ En Lion, l'astre s'imprègne de rayonnement, de fierté, d'autorité et de souveraineté.
- ➡ En Vierge, l'astre s'imprègne de méthode, de compétence, de sens du service et de sens critique.
- ➡ En Balance, l'astre s'imprègne de conciliation, d'élégance, d'esthétisme et de médiation.
- ➡ En Scorpion, l'astre s'imprègne de contestation, de colère, de métamorphose et d'intensité.
- ➡ En Sagittaire, l'astre s'imprègne de voyage, de philosophie, de certitudes et de grandes idées.
- ➡ En Capricorne, l'astre s'imprègne d'endurance, d'ambition, d'exigence et d'élévation.
- ➡ En Verseau, l'astre s'imprègne d'originalité ou de marginalité, de fraternité et de modernité.
- ➡ En Poissons, l'astre s'imprègne de foi, de compassion, de flou et de poésie.

Voici un tableau résumant les dignités de chaque planète...

	Domicile	Exaltation	Exil	Chute
Soleil	Lion	Bélier	Verseau	Balance
Lune	Cancer	Taureau	Capricorne	Scorpion
Mercure	Gémeaux	Vierge	Sagittaire	Poissons
Vénus	Balance (et Taureau par défaut)	Poissons	Bélier	Vierge
Mars	Bélier	Capricorne	Balance	Cancer
Cérès	Vierge	Verseau	Poissons	Lion
Jupiter	Sagittaire	Cancer	Gémeaux	Capricorne
Saturne	Capricorne	Balance	Cancer	Bélier
Uranus	Verseau	Scorpion	Lion	Taureau
Neptune	Poissons	Lion	Vierge	Verseau
Pluton	Scorpion	Sagittaire	Taureau	Gémeaux

« Au secours, j'ai plein de planètes en exil et en chute ! »

Pas de panique ! Ce n'est pas forcément une mauvaise chose, tout dépend du reste de ta carte ! Par exemple, une Vénus exilée en Bélier peut apporter un peu de feu et d'audace à un thème plein d'énergie Poissons, plus fataliste et moins rentre-dedans. Évidemment, ce n'est pas ce qu'on attend de Vénus, chargée (on le verra par la suite) de nous connecter aux autres... On la préférerait a priori plus conciliante et chaleureuse, ce qui faciliterait d'emblée nos relations, mais, encore une fois, tout est question d'équilibre.
Autre exemple : Jupiter en chute en Capricorne se teinte de froideur et de discipline. L'astre de la démesure et de l'enthousiasme se retrouve dans le dernier royaume qu'il aurait choisi pour accomplir sa mission. Cependant, si le reste de ta carte t'invite à faire confiance et à t'engager avec enthousiasme dans ce que tu fais, peut-être seras-tu reconnaissant que Jupiter en chute te ramène parfois à la réalité.
L'astrologie t'offre toujours l'occasion de sublimer les aspects de ton thème avec lesquels tu te sens le moins à l'aise. Alors courage ! La solution se trouve, littéralement, sous ton nez...

LE SOLEIL

☉

Étoile monumentale, brasier gigantesque diffusant lumière, énergie et chaleur dans tout le Système (justement dit) solaire, le Soleil représente ton feu intérieur. Sa combustion ininterrompue correspond à ton envie de réussir, à la plénitude de ton être et de ton individualité, à ta quête permanente et ininterrompue d'idéal, à ton essence la plus pure, à ton ambition de sortir de cette existence auréolé de gloire. C'est l'astre chef, le monarque, le patron de la tripotée d'astres autour de lui, dont il garantit l'unicité (c'est du moins ce qu'il semble croire, car il est au centre de notre Système solaire).

Apanage divin : la lumière ! Le Soleil forme avec la Lune un couple de Luminaires dont le rayonnement illumine nos paysages terrestres. Cet astre majestueux éclaire donc ta carte : comme dans le cosmos, les autres planètes sont des sujets cherchant à satisfaire sa volonté.

Attributions : ton ego, ta vitalité, ta quête d'absolu, la maturation de ta personnalité.

Mission : te faire rayonner.

Symbole cursif ☉ **:** un cercle avec un point à l'intérieur, qui représente la chaleur et la vitalité qui irradie et propage son aura vers l'extérieur.

Domicile ⌂**:** le Soleil est en domicile en Lion. Dans ce signe dédié à la volonté, à l'amour et à la création, l'astre rayonne de mille feux et règne en noble souverain. S'il y rugit son charisme, son courage, sa générosité et son autorité, il peut aussi faire preuve d'orgueil, de vantardise et d'égocentrisme.

Exaltation ↑ : en Bélier, la volonté solaire est décuplée, dynamisée par l'impulsivité et la spontanéité du signe. Intrépide, il est pionnier, il fonce vers les entreprises personnelles et les conquêtes, vers les rôles de leader. Peu attiré par la réflexion ou l'introspection, il agit avant de penser, convaincu que prendre l'initiative l'avancera davantage dans sa quête de réussite.

Exil ↕ : en Verseau, le Soleil se heurte à l'envie de redistribution égalitaire de sa lumière. Instinctivement, l'astre brille pour l'ego, pas pour le collectif. Il devrait néanmoins comprendre que l'équilibre se travaille, que si le groupe prévaut, c'est parce qu'il est constitué d'individus précieux, chacun à leur manière, et qu'il est donc important de nourrir son ego pour continuer de porter l'idéal collectif.

Chute ↓ : en Balance, le Soleil chute, car il cherche à briller par et pour lui-même. Or, la Balance est un signe d'altérité, où la rencontre de l'autre agit comme un miroir, révélant, en comparaison avec ton interlocuteur, ce qui te définit personnellement. En Balance, le Soleil se résout à tamiser sa propre lumière en acceptant l'existence d'autres étoiles éclatantes… Un contre-emploi total pour cette supernova habituée à éclipser les autres !

Pérégrine : voir p. 79.

« Je ne me retrouve pas dans mon signe solaire. »

Le Soleil, c'est ton idéal à atteindre, ce que tu considères comme un état de maturité. Par exemple, une personne avec une dominante de signes d'air mais avec un Soleil en Taureau agira et réagira très certainement avec des comportements de Gémeaux, de Balance ou de Verseau. En son for intérieur, pourtant, elle aspire à atteindre la stabilité, la prudence, l'absence de doute du Taureau. Certaines décisions ou réactions seront motivées par cette image d'Épinal, et elle agira alors comme l'archétype du Taureau, mais elle ne se retrouvera sûrement pas au quotidien dans le portrait qu'on fait de son signe solaire.

Sur ton poster, inscris le symbole du Soleil dans le signe et la maison lui correspondant.

LA LUNE

☽

Satellite de notre terre, planète astrologique d'eau, la Lune représente ta sécurité intérieure. Elle incarne tes besoins émotionnels, la sensibilité primaire et brute de ton enfant intérieur qui cherchera, jusqu'à ta mort, à être rassuré !

Apanage divin : dans les mythologies grecque et romaine, la Lune est représentée par trois divinités, la féconde Séléné, l'inquiétante sorcière Hécate et la puissante mais virginale archère Diane. Toutes trois mettent en exergue la puissance et le mystère de ce que l'humanité attribue volontiers au féminin.

Attributions : tes émotions instinctives et ton imagination, ta fécondité, ton rapport au maternel protecteur, tes goûts artistiques qui n'ont pas été polis par la culture ou les normes sociétales, ta vulnérabilité.

Mission : te protéger.

Symbole cursif ☽ **:** un quartier de lune qui ne se révèle pas totalement.

Domicile ⌂**:** le Cancer est le royaume privilégié de la Lune. Elle est souveraine dans ce signe du foyer, de la famille, de la petite enfance, de la tendresse, de la richesse imaginative et de la réceptivité. C'est la mère allaitant son petit en chantant des berceuses : elle favorise les doux rituels et craint la violence au-dehors de son refuge. Fragile, influençable et nostalgique, elle apprécie d'avoir des repères et des routines, un jardin secret et un clan rapproché autour d'elle, auprès de qui elle peut dévoiler son intimité sans inquiétude.

Exaltation ↑ **:** la Lune s'épanouit dans le sensuel signe du Taureau. Elle en féconde la terre fructueuse, calme et sereine. Son besoin de sécurité et de stabilité étant comblé, son appétit des plaisirs terrestres et son sens de l'hospitalité en sont

décuplés ! L'astre cherche à nourrir les autres, de beauté, de gourmandise et d'éveil sensuel. Les acquisitions matérielles, les arts tels que la sculpture, le chant ou l'horticulture, sont son terrain de jeux, souvent concrets et palpables. La Lune en Taureau manque un peu de flexibilité et se montre vite défensive, mais elle est vectrice de confiance et de pragmatisme.

Exil ↨ : la Lune se trouve exilée en Capricorne, un signe qui se débarrasse des émotions pouvant entraver ses ambitions. L'astre se teinte de retenue, de rigueur. De l'extérieur, cette canalisation extrême de l'émotivité et des affects peut en refroidir plus d'un, mais le Capricorne est aussi un signe de Terre concret, productif, prévoyant. Une Lune en Capricorne peut se révéler utile dans les relations professionnelles, car son besoin de structure et de fiabilité la guide dans ses perceptions et ses choix. Au fond, c'est la Lune qui a le plus besoin de se sentir protégée, et quoi de mieux que d'investir sur le long terme pour se sentir tout à fait tranquillisé ?

Chute ↓ : la Lune croit qu'elle n'a rien à faire dans le cimetière du Scorpion. Elle est l'astre de l'âme et du corps fertiles, pas celui de la mort et de l'anéantissement ! Elle est tel le parent inquiet qui accueille avec circonspection la phase cynique et gothique de son adolescent, alors qu'il se souvient du rire enfantin, source de joie et de vie, de son petit qui grandit. L'astre reçoit les énergies ténébreuses de ce signe. Son intuition est décuplée, car elle perçoit les secrets et attire comme un aimant les émotions les plus sulfureuses et intenses : la possessivité, la rancune, la tentation d'établir des rapports de force... La vie émotionnelle peut être extrême, teintée à la fois de soumission à ces montagnes russes et d'une envie de se maîtriser qui passe par la domination de soi ou des autres.

Pérégrine : voir p. 79.

Sur ton poster, inscris le symbole de la Lune dans le signe et la maison lui correspondant.

Où se trouvent le Soleil et la Lune sur ta carte ? Sont-ils situés dans des signes du même élément ou du même mode ? Il s'agit du couple des Luminaires, un binôme royal qui éclaire ton thème. Comment définirais-tu ton Soleil en quelques mots ? Comment définirais-tu ta Lune en quelques mots ? Comment définirais-tu ce duo en quelques mots ? Rends-toi dans ton astrojournal, p. 248.

MERCURE

☿

Planète de terre, Mercure représente ton messager intérieur, capable d'assurer la liaison entre ton esprit et les données extérieures qui lui parviennent à l'aide du langage et de l'usage des mots. Il te permet aussi de saisir le décalage entre plusieurs réalités et d'en percevoir l'ambiguïté et les contradictions : Mercure porte en lui ton sens de l'humour ! Il ne juge pas tes goûts et tes dégoûts : il transmet simplement l'information.

Apanage divin : Mercure est le messager des dieux et, indirectement, le protecteur des voyageurs, car sa fonction le force à être aussi rapide que possible grâce à ses sandales ailées.

Attributions : ta capacité à communiquer et à échanger (y compris des objets), à rester en mouvement, à favoriser ton cérébral plutôt que ta sensibilité, tes petits voyages et tes déplacements, tes écrits en général.

Mission : te faire échanger avec l'extérieur.

Symbole cursif ☿ : une croix représentant l'espace et le temps, couronnée d'un petit chapeau ouvert vers le haut comme un outil capable de recevoir les informations extérieures.

Domicile ⌂: Mercure joue à domicile en Gémeaux, un signe souple, léger et mobile comme lui ! Si la planète papillonne et peine à se concentrer (il lui faut toujours de la nouveauté et de l'amusement pour relancer sa curiosité), sa capacité d'adaptation et sa soif d'échanges intellectuels en font un diplomate habile, capable de petites accommodations avec la réalité, voire de mensonges. C'est un astre sociable et vif, mais un brin opportuniste.

Exaltation ↑ : les qualités de Mercure sont accrues en Vierge, son mental étant méticuleux, minutieux, perfectionniste, analytique, empirique, hyper-pratique. Sa capacité de travail mental est énorme : mémorisation, organisation, logistique, gestion, calculs en tous genres... L'improvisation, très peu pour lui ! Il peut aussi avoir du mal à synthétiser et à proposer une vision globale des informations étudiées. Son approche est exclusivement intellectuelle : sa communication extérieure peut être sèche ou austère, mais il s'agit d'un atout considérable pour les activités de recherche ou certaines pratiques artisanales précises.

Exil ↕ : Mercure est exilé en Sagittaire. D'un côté, il se teinte d'enthousiasme extraverti et de jovialité. C'est un mental qui part en quête enjouée de principes philosophiques, de grandes perspectives morales et éthiques, du sens de l'existence : c'est une bonne prédisposition pour enseigner, notamment dans le supérieur. La mutabilité du Sagittaire favorise au départ la capacité à s'interroger et à remettre en question ce qui semblait acquis, mais le feu du signe entraîne un manque de tact, des velléités de débat et d'échanges musclés qui lui donnent une occasion parfaite pour persuader et convaincre, quitte à frôler le prosélytisme. Un chaos relatif est propice à l'épanouissement de sa pensée, mais est perçu comme un manque d'organisation par ses collègues. Mercure apprend ici que même lui doit trouver un équilibre : le Sagittaire est un signe de possibles excès, et il serait dommage que sa tolérance initiale vire au fanatisme pour le simple plaisir d'imposer ses vues.

Chute ↓ : Mercure favorise le cérébral au sensoriel or, en Poissons, on abandonne la logique pour ressentir les flux universels, se connecter à l'univers entier en faisant tomber tout barrage et toute frontière. Le mental se teinte d'une grande intuition venue d'ailleurs, de compassion, de bonté. Avec cette intelligence intuitive qui comprend les dynamiques énergétiques, le spirituel est à l'honneur, mais c'est le flou total côté organisation et méthode ! C'est le cerveau inspiré de nombreux artistes, poètes et musiciens.

Pérégrine : voir p. 79.

Sur ton poster, inscris le symbole de Mercure dans le signe et la maison lui correspondant.

Est-ce que le signe dans lequel se trouve Mercure te semble correspondre à ta façon de communiquer ? Se trouve-t-il en dignité particulière ? Rends-toi dans ton astrojournal, p. 248.

VÉNUS

♀

Cette planète d'air représente ton miroir intérieur, cet accessoire sur ta coiffeuse qui te permet de porter un jugement sur ta beauté, ta grâce, ton empreinte esthétique. Plus largement, elle incarne tes valeurs se définissant par tes affinités et ta sensibilité : il s'agit de tes valeurs personnelles, mais aussi de celles que tu recherches chez les autres, car tu les estimes bonnes pour toi. Si Mercure reçoit les informations extérieures, Vénus laisse parler son cœur pour marquer ce qui te plaît et te fait du bien, afin d'amener douceur et harmonie dans ta vie.

Apanage divin : la grâce et la séduction, non pas la libido sauvage qui veut s'imposer, mais le délicat mouvement de la déesse Vénus qui défait sa ceinture magique afin de séduire son audience.

Attributions : ta sensibilité et ta sensualité, ton sens de la beauté et de l'esthétisme, l'expression de ton affection, ta perception du féminin chez celles que tu considères comme tes sœurs.

Mission : t'aider à te connecter à l'extérieur grâce aux liens du cœur, et contribuer à ton harmonie intérieure.

Symbole cursif ♀ : le fameux miroir représentant le cercle de l'esprit posé sur la croix de la matière.

Domicile ⌂: Vénus se sent chez elle en Balance, le jardin d'Éden où tout n'est que luxe, calme et volupté. La Balance, signe d'Air et de sociabilité, voyant le langage comme un outil de civilisation pacificatrice, Vénus s'y montre courtoise, aimable, raffinée et en perpétuelle recherche de consensus. Ayant horreur du bruit et de la fureur, méfiante vis-à-vis des élans fougueux, mais véritable esthète, elle peut paraître tiède et superficielle, mais elle porte un idéal de justice et d'équité comme condition de paix absolue.

Exaltation ↑ : Vénus entre dans le royaume des Poissons, qui ne connaît ni limites ni raison. Elle se glisse avec délectation dans le grand bain de l'amour inconditionnel et fusionnel pour y révéler toute sa tendresse, sa compassion et sa douceur. Sa sensibilité est exacerbée grâce à la poésie et à l'intuition de ce signe : elle y est romantique à souhait, prête à tout pardonner et à tout sacrifier par amour, au point d'endosser un rôle de sauveuse sacrificielle, pour le meilleur et pour le pire !

Exil ↕ : en Bélier, Vénus devient franche du collier ! Dopée par ce signe de feu, individualiste, elle n'hésite pas à exprimer ou à imposer ses désirs, quitte à passer pour une égoïste. N'ayant pas froid aux yeux, elle flirte et se montre entreprenante. Le Bélier est friand de renouveau, de vivacité : Vénus peut vite s'ennuyer de ses relations, surtout si elle ne se sent pas valorisée, et passer d'une histoire à une autre sans tergiverser si elle ne retrouve plus l'excitation des premiers temps. Elle doit apprendre à mettre un peu d'eau dans son vin pour ne pas gâcher de belles histoires amicales ou amoureuses.

Chute ↓ : sur le territoire de la Vierge, marquée par le sens du service, de la méthode et de la raison, qui célèbre les connexions de l'esprit plutôt que celles du cœur, Vénus se demande ce qu'elle fait là ! Elle aura du mal à arrondir les angles pointus de ce signe, qui préfère les mathématiques et la technique aux arts sensibles. Vénus en Vierge aura du mal à exprimer ses affinités : sa spontanéité disparaît, et de nombreux doutes surgissent quant à sa capacité à tisser des liens affectifs. Détestant la frivolité, très critique à propos de ses relations, classique et sérieuse, elle cherche avant tout la sécurité et la solidité qui combleront son manque de confiance.

Pérégrine : voir p. 79.

Sur ton poster, inscris le symbole de Vénus dans le signe et la maison lui correspondant.

Est-ce que le signe dans lequel se trouve Vénus te semble correspondre à ce que tu valorises autour de toi et dans tes relations ? Se trouve-t-elle en dignité particulière ? Rends-toi dans ton astrojournal, p. 248.

MARS

♂

Cette planète de feu est ton soldat intérieur ! Sa mission consiste à se battre pour toi. Il est dans l'action, dans la revendication spontanée de ton droit à exister en tant qu'individu. Pour t'aider, il est prêt à se battre en ton nom afin d'obtenir l'objet de ton désir...

Apanage divin : la guerre ! *Struggle for life*, comment disent les Anglo-Saxons. À bien des égards, la vie est une bataille. Tu as gagné la course aux spermatozoïdes, et depuis tu affrontes à chaque réveil la nécessité de rester dans la course. Ta combativité n'est pas forcément synonyme d'agressivité. Mars ne cherche pas toujours à assommer ses adversaires : il incarne aussi ton envie de réussir cet entretien d'embauche ou de terminer ce marathon que tu hésites, bien qu'à bout de souffle, à abandonner en cours de route !

Attributions : ta combativité et ta compétitivité, ton instinct de survie, ta libido, ta part de colère.

Mission : se battre pour te faire gagner cette bataille qu'est la vie !

Symbole cursif ♂ : une flèche projetée vers le ciel surmontant le cercle de l'esprit.

Domicile ⌂: Mars joue à domicile en Bélier. Il possède les clés de ce territoire de feu, qui nous parle du combat que chacun doit mener au quotidien pour rester en vie. Une terre aride où tout reste à faire ? C'est parfait pour un soldat qui n'attend rien d'autre qu'agir et se battre !

Exaltation ↑ : Mars est exalté en Capricorne, car ce dernier lui permet d'agir avec maturité et d'aiguiser son sens stratégique. Les défauts potentiels de Mars

sont amoindris : son impulsivité, parfois excessive, se transforme en ténacité endurante. Quant à son envie d'en découdre, elle gagne en réflexion, en rigueur et en vision à long terme. Ce soldat conserve toute son énergie, mais est amené à se contrôler et à maîtriser ses ardeurs : potentiellement belliqueux, il devient protecteur. Mars, qui peut vite brûler la chandelle par les deux bouts, sait ici se responsabiliser et s'engager.

Exil ↨ : Mars est exilé en Balance, le territoire diamétralement opposé à celui du Bélier. La Balance est un jardin d'Éden où l'ego doit forcément se mettre en retrait, car il est question de partager ce jardin avec d'autres individus, dont les intérêts sont parfois à l'opposé des nôtres... Pour préserver la paix et maintenir l'harmonie, la Balance nous intime d'oublier notre impérieux besoin de proclamer ce qui est précisément l'instinct martien : « Moi, je veux ! Moi, j'exige ! Tout de suite et maintenant, sinon je fonce dans le tas ! » Mars doit apprendre à ranger son épée dans son fourreau et à écouter ce que les autres ont à dire. L'exercice lui paraît d'abord inconfortable : hésitant, il peine à exprimer sa part d'agressivité, mais s'il apprend l'art délicat de la conciliation il mettra son arme au service de l'équité et l'utilisera pour trancher en faveur de l'idéal de justice de la Balance.

Chute ↓ : Mars est en chute en Cancer. Nul besoin d'un soldat armé jusqu'aux dents dans une chambre d'enfant ! Mars trébuche sur une peluche et se casse la figure. Il voudrait pousser un cri martial dans une nursery où l'on ne susurre que des berceuses, mais il aura bien du mal à exprimer sa colère et sa combativité dans un tel environnement. Au moment de se battre, la tentation est grande de se replier mélancoliquement dans sa cachette, à l'abri du menaçant monde extérieur... Pourtant, s'il troque son glaive pour des feutres et des crayons, il peut transformer ce qui lui reste de rage de vivre en action créatrice ! De nombreux artistes ont Mars en Cancer : ils se battent avec des chansons frappantes d'émotion et des images à la sensibilité bien trempée.

Pérégrine : voir page 79.

Sur ton poster, inscris le symbole de Mars dans le signe et la maison lui correspondant.

Est-ce que le signe dans lequel se trouve Mars te semble correspondre à ta façon d'affronter la vie ? Se trouve-t-il en dignité particulière ? Rends-toi dans ton astrojournal, p. 248.

CÉRÈS

⚳

Cérès est ta logique intérieure. Si Mercure se charge de recevoir et de te transmettre les informations extérieures, Cérès les trie et les met en bon ordre afin de les rendre utilisables par la suite. Son objectif est d'anticiper tes besoins, mais aussi de te rappeler les règles à respecter pour agir en être civilisé, même si elles se révèlent parfois frustrantes, strictes ou contraignantes.

Apanage divin : Cérès est la déesse qui veille sur les champs et les moissons, processus nourricier qui passe par une pratique raisonnée de la terre et des techniques d'agriculture. Pour réunir les fruits de son labeur, il faut accepter de patienter et de procéder pas à pas.

Attributions : ta logique, ta capacité analytique, ta maîtrise du langage technique, tes compétences acquises ; ta parentalité pédagogue, formatrice et éducatrice.

Mission : te faire aborder le monde extérieur avec raison et cohérence.

Symbole cursif ⚳ **:** une faucille dont le manche est constitué de la croix de la matière.

Domicile ⌂**:** Cérès est domiciliée en Vierge. La méticulosité et le perfectionnisme de ce signe lui conviennent fort bien, car Cérès veut acquérir des compétences et des savoirs techniques. Les plans de travail de la Vierge lui sont confortables : c'est un endroit calme et pratique, qui permet la répétition des gestes afin de les maîtriser et de mettre au point sa propre méthode à l'abri de l'agitation de la vie.

Exaltation ↑ **:** en Verseau, la compétente Cérès se rend utile au plus grand nombre, et elle adore ça ! Le signe du Verseau est un utopiste qui nourrit de grandes espérances pour débarrasser l'humanité de ses instincts primaires,

animaux, charnels, et ainsi atteindre l'amour universel. Le terrain de prédilection du Verseau se trouve du côté des grandes inventions, des nouvelles techniques, qui permettent d'être connecté aux autres, peu importe l'heure ou l'endroit, de communiquer ou de se déplacer sans entrave, grâce aux visioconférences et aux avions supersoniques. Les savoirs techniques accumulés par Cérès se mettent au service du génie humain, de projets audacieux d'intérêt commun. Quant à son fort pouvoir de concentration, il se trouve utilisé à bon escient, sans céder à l'autodénigrement et au doute permanent quant à la légitimité de son action.

Exil ↕ : exilée dans le signe des Poissons, Cérès se trouve bien déconcertée ! Difficile d'appréhender l'océan des Poissons avec un esprit cartésien, car il n'y a pas de contours définis, ni sur les rivages, aux marées changeantes, ni dans les fonds abyssaux, encore inexplorés. Tout est flou en Poissons, sauf une certitude : celle de l'intuition ! Cérès, qui ne parvient à des conclusions qu'après avoir procédé analytiquement et obtenu des preuves, apprend à travailler dans l'autre sens. En partant de la pelote de son inspiration, elle remonte le fil et sort des sentiers battus. Ce n'est peut-être pas orthodoxe, mais réussir à faire cohabiter raison et intuition est un trésor.

Chute ↓ : en débarquant dans le signe du Lion, où les élans du cœur l'emportent sur le reste, Cérès se sent terriblement inutile ! Quel étrange royaume que celui où l'on admire inconditionnellement un nouveau-né, pourtant dénué de talent et de savoir, où l'on brandit en étendard des valeurs d'amour-propre, d'amour et d'honneur personnel parfois difficiles à justifier… Dans ce signe qui crie « talent » tandis qu'elle rectifie « compétence », Cérès peine à rester technicienne et travailleuse.

Pérégrine : voir p. 79.

Sur ton poster, inscris le symbole de Cérès dans le signe et la maison lui correspondant.

Est-ce que le signe dans lequel se trouve Cérès te semble correspondre à ta logique personnelle ? Se trouve-t-elle en dignité particulière ? Rends-toi dans ton astrojournal, p. 248.

JUPITER

♃

Cette planète d'air représente ta vocation d'expansion et de réussite : comme Mars, Jupiter cherche à conquérir, mais sa stratégie est moins autocentrée que celle de Mars. Il s'agit de se développer en tant qu'être social en s'intégrant dans une organisation collective pérenne. Celle-ci est régie par des lois qui aident le groupe à s'organiser, mais ne réclament pas pour autant de sacrifice personnel. L'énergie jupitérienne légitime et valorise les plaisirs de la vie qui épanouissent !

Apanage divin : Jupiter est le monarque des divinités elles-mêmes ! Son apanage, c'est le pouvoir d'organiser son propre royaume, de se montrer aussi généreux que colérique, selon la situation.

Attributions : ton charisme, ta capacité à transcender le spirituel et le matériel, ta croissance, ton confort, tes excès.

Mission : t'intégrer dans le groupe, dans la joie et la prospérité.

Symbole cursif ♃ : il s'agirait d'une déformation du *Z* (*zêta*) du nom grec de Jupiter, Zeus.

Domicile ⌂: en Sagittaire, Jupiter se gorge d'extraversion, de générosité, de prospérité, de popularité, même si sa quête reste spirituelle et tournée vers l'élargissement de la conscience. Autodidacte, il devient volontiers un guide ayant le goût de la transmission, ne craignant pas de dicter aux autres ce qu'il estime être sa juste vision des choses, ce qui le pousse vers le professorat ou des rôles de leadership. Vite galvanisé, Jupiter à domicile est aussi un astre d'abondance, de faste et d'excès, qui peine à se modérer et à rester en place.

Exaltation ↑ : chez le sensible Cancer, Jupiter se trouve dans une position généreuse qui se préoccupe du bien-être des personnes avec qui il est intime et qu'il cherche à protéger. Le signe a tendance à « rembourrer » son intérieur de ce qu'il aime (qu'il s'agisse de présences rassurantes, de ses histoires préférées ou de ses gourmandises favorites) : ça tombe bien, l'astre cherche aussi à se développer dans un axe de plaisir et de convivialité. Se teintant de valeurs aquatiques très réceptives, il croît grâce à ses émotions, à travers une construction affective quasiment mystique. L'activité au sein de l'entreprise et de la société prend des allures de famille élargie.

Exil ↕ : en Gémeaux, la foi jupitérienne perd en spontanéité, se rationalise et s'intellectualise. Le mental et la sociabilité accrue de cette combinaison (planète d'air en signe d'Air) augmentent l'appétit de Jupiter pour la communication, l'écrit, les nouvelles rencontres, les voyages… et le marchandage ! C'est une prédisposition positive pour l'apprentissage intellectuel et les études théoriques de philosophie, de droit, de médecine. Sa légèreté et son effervescence le poussent à des changements fréquents. Son inconstance est compensée par sa polyvalence et son ingéniosité. S'il apprend à canaliser son immaturité, ce Jupiter aura gagné la fraîcheur de la jeunesse éternelle, celle de l'esprit !

Chute ↓ : en Capricorne, Jupiter se canalise, car le signe est froid, discipliné, prudent et endurant. Il ne se manifeste pas avec sa chaleur habituelle, mais se teinte d'ambition, d'objectifs pratiques et matériels. Les performances jupitériennes gagnent en sérieux et se font propices à rayonner dans les bureaux de direction et de décision. Si l'astre s'applique à utiliser la stratégie et l'honnêteté du signe plutôt que sa sévérité et son austérité, cette position peut venir à bout de la tendance de Jupiter à sombrer dans l'excès.

Péregrine : voir p. 79.

Sur ton poster, inscris le symbole de Jupiter dans le signe et la maison lui correspondant.

Est-ce que le signe dans lequel se trouve Jupiter te semble correspondre à la façon dont tu souhaites t'intégrer au groupe ? Se trouve-t-il en dignité particulière ? Rends-toi dans ton astrojournal, p. 248.

SATURNE

♄

Saturne incarne ta part de gravité. Sa position sur ta carte indique l'endroit où tu peux ressentir un manque à combler ou un domaine dans lequel tu as en permanence l'impression de ne pas en faire assez ou de ne pas être à la hauteur. C'est un astre qui te met à l'épreuve pour te permettre de mûrir et d'acquérir la véritable autonomie émotionnelle de l'enfant, qui n'a pas besoin d'être rassuré pour avancer de son propre gré. La planète n'a pas bonne réputation : à notre époque et dans la plupart des sociétés modernes, la restriction et la solitude ne sont pas très populaires. Pourtant, nous sommes légion à courir après des valeurs de sagesse ou des capacités d'ascétisme : quand on n'a besoin de rien, on ne manque jamais de rien...

Apanage divin : le temps, véritable épée de Damoclès lorsqu'il s'égrène, mais aussi vecteur de sagesse et de maturité.

Attributions : ton sens des réalités, ton rapport à l'autorité, tes limites et ta part de fatalité ; l'endroit de ton existence où tu as l'impression de ne jamais en faire assez.

Mission : te structurer.

Symbole cursif ♄ : la faux du dieu Saturne qui marque le passage du temps (ne parle-t-on pas de la Mort comme de la Grande Faucheuse ?).

Domicile ⌂: Saturne se sent chez lui en Capricorne. Ordre moral, discipline, principes éthiques, voilà des valeurs qui lui sont familières ! Leurs deux énergies se colorent aussi de pessimisme, de raideur, voire d'intransigeance. Concentré, ambitieux, responsable, minimaliste, il a en revanche du mal à accorder sa confiance, et agit souvent (et vainement) comme un *control freak*.

Exaltation ↑ : tu croyais la Balance trop frivole pour accueillir Saturne ? C'est qu'il faut rappeler que le signe, lui aussi, sait renoncer. En Balance, on polit une part de son ego et de ses instincts au profit de la conciliation nécessaire pour garantir une paix civilisatrice. L'astre se teinte d'empathie et de délicatesse, tout en gardant son sang-froid et sa patience, ce qui est parfait pour le long terme relationnel. Il tend à structurer tes rapports de couple (amoureux, amicaux, ou professionnels) en s'orientant vers des partenaires matures et des unions solides. C'est aussi la position idéale pour devenir un juge rigoureux et incorruptible, animé par un exigeant besoin de justice et d'équité.

Exil ↕ : en Cancer, Saturne pénètre dans un territoire tout en émotion, précisément ce qu'il cherche à éviter d'ordinaire. Comme il aimerait nier ou supprimer cette eau sensible qui engourdit ses valeurs détachées et impersonnelles ! Saturne, qui perçoit bien le poids des responsabilités, peut se retrouver à considérer le clan familial comme un lot de contraintes qu'il doit gérer. Par ailleurs, il atteint ainsi le maximum de son conservatisme, car il peut user de tout son sérieux et de toute sa gravité pour consolider et préserver les traditions à transmettre aux prochaines générations. L'astre peut néanmoins transcender et sublimer cette épreuve en trouvant des stratégies adaptées (méditatives, ascétiques...).

Chute ↓ : quand Saturne entre en Bélier, il ne voit pas en quoi il pourrait se rendre utile. C'est un signe d'action et de vitesse, d'instinct primaire et d'impatience, alors que lui-même est censé imposer des limites et des freins. Il opte pour des allures bourrues et une attitude défensive, qui peuvent engendrer une grande tension nerveuse intériorisée et refoulée. Saturne pourrait apprendre à resserrer la bride de ce signe de Feu, dont l'énergie pourrait l'aider à atteindre ses objectifs. Le Bélier ignore la peur : quelle jolie carte à jouer pour la planète de l'ambition, qui ne craint pas l'effort ni le labeur !

Pérégrine : voir p. 79.

Sur ton poster, inscris le symbole de Saturne dans le signe et la maison lui correspondant.

Est-ce que le signe dans lequel se trouve Saturne te semble correspondre aux difficultés ou aux facilités que tu éprouves à te structurer de façon pérenne et solide ? Se trouve-t-il en dignité particulière ? Rends-toi dans ton astrojournal, p. 248.

URANUS

♅

Uranus représente notre part d'indépendance et d'autonomie. Les aspects positifs qu'Uranus forme avec d'autres planètes valorisent l'indépendance d'esprit, l'avant-gardisme et l'inventivité. Les aspects négatifs peuvent entraîner des changements brusques et brutaux dans ta vie (dans ta façon de vivre, ta profession ou ton couple, qui seront amenés à être détruits puis reconstruits pour le mieux) ou dans les traits de ta personnalité, qui seraient perçus pour de la marginalité plutôt que pour de l'originalité.

Apanage divin : le ciel étoilé, celui qui nous fait lever la tête et rêver d'évasion, loin du plancher des vaches.

Attributions : la surprise, la liberté, la révolte, la réforme, la rénovation, l'anarchie, la modernité, le progrès.

Mission : te rendre libre et indépendant.

Symbole cursif ♅ : il s'agit d'un *H*, initiale du nom de famille de l'astronome qui a découvert Neptune, William Herschel. Les astrologues lui ont trouvé des ressemblances tout à fait à propos avec une antenne...

Domicile ⌂ : Verseau, un signe où notre collectivité et notre humanité sont perçues comme une utopie qu'il faut réussir à rêver et à réaliser. Nous nous allégeons de nos pulsions égocentrées pour progresser vers une fraternité universelle, équitable et progressiste.

Exaltation ↑ : de contestation à transgression, il n'y a qu'un pas, et c'est celui qui sépare le Scorpion du Verseau ! Dans l'intensité de ce signe magnétique, Uranus devient explosif et émancipateur, mais aussi destructeur et parfois cruel.

Exil ↕ : en Lion, Uranus vient libérer, débrider, la force de la volonté individuelle. Cela peut accentuer ton égoïsme, mais te rend capable de briser tes carcans sociaux périmés.

Chute ↓ : le Taureau est un signe de lenteur, de presque immobilité dans le but d'ancrer une tranquille et tangible douceur de vivre. Uranus peine donc à s'adapter, et peut produire (à grande échelle) des bouleversements dans tous les domaines liés au Taureau : l'agriculture, la finance et la banque, l'écologie.

Pérégrine : voir p. 79.

Sur ton poster, inscris le symbole d'Uranus dans le signe et la maison lui correspondant.

Est-ce que le signe dans lequel se trouve Uranus te semble correspondre à la quête de liberté de ta génération ? Te reconnais-tu dans cette tendance ? Rends-toi dans ton astrojournal, p. 248.

NEPTUNE

♆

Neptune représente notre inconscient collectif. Les aspects positifs que Neptune forme avec d'autres planètes valorisent l'intuition, la poésie, l'inspiration mystique. Les aspects négatifs peuvent entraîner des désillusions parfois cruelles et une idéalisation excessive, ainsi que des zones de flou dans ton existence.

Apanage divin : l'océan, mémoire ancestrale de la vie sur terre, car y sont conservées des espèces inconnues de nos scientifiques et datant de temps antédiluviens.

Attributions : tout ce qui tend à brouiller la frontière entre le corps et l'esprit, le spirituel et le matériel, le réel et le rêvé (confusion, approches holistiques globales, sommeil et rêves, drogues et médicaments).

Mission : te connecter à une antenne universelle.

Symbole cursif ♆ **:** le trident du dieu des océans.

Domicile ⌂**:** les Poissons, signe d'absolu et de compassion, partagent avec Neptune un certain fatalisme. On ne peut guère lutter contre les courants universels qui nous emportent !

Exaltation ↑ **:** en Lion, signe d'amour et du cœur, Neptune devient romantique, créatif et très charitable.

Exil ↕ **:** en Vierge, signe de service, Neptune peut se dévouer ou se sacrifier, conseiller et servir les autres.

Chute ↓ **:** en Verseau, Neptune voit ses idéaux dopés... à un point souvent irréalisable et tout sauf concret. De plus, le signe invite à briser nos chaînes, tandis que l'océan propose plutôt de nous laisser porter...

Pérégrine : voir page 79.

Sur ton poster, inscris le symbole de Neptune.

Est-ce que le signe dans lequel se trouve Neptune semble correspondre à la quête spirituelle de ta génération ? Rends-toi dans ton astrojournal, p. 248.

PLUTON

♇

Pluton représente notre part de noirceur : tu viens d'une lignée d'espèces qui, avant de mener à *sapiens*, ont été totalement animales, et même dotées d'une queue que tu n'attribues certainement qu'aux gargouilles et autres créatures infernales. C'est parce que ces bêtes se sont transformées et métamorphosées que l'humanité a abouti à ce qu'elle est aujourd'hui. Pluton appelle des changements et des destructions irréversibles.

Apanage divin : les enfers, le royaume des morts et des damnés.

Attributions : ta résilience, tes obsessions, ton inconscient sexuel, la pression psychique.

Mission : te rendre résilient.

Symbole cursif ♇ **:** le cercle de l'esprit est détaché de la croix de la matière. On y trouve une métaphore de la mort et d'un nouveau cycle qui s'enclenche.

Domicile ⌂**:** en Scorpion, Pluton brasse les sujets les plus tabous (mort, sexe, rapports de force) pour en tirer une force régénératrice.

Exaltation ↑ **:** Pluton se réjouit des expériences du Sagittaire, qui cherche à équilibrer mental et charnel.

Exil ↕ **:** en Taureau, Pluton est captif de l'immobilisme, du besoin de confort et de sécurité, qui l'emportent sur son appel à la métamorphose et à la destruction.

Chute ↓ **:** l'effervescence et l'extrême mobilité des Gémeaux conviennent difficilement à l'astre ténébreux en quête de puissance.

Pérégrine : voir page 79.

Sur ton poster, inscris le symbole de Pluton.

Est-ce que le signe dans lequel se trouve Pluton te semble correspondre aux révoltes de ta génération ? Rends-toi dans ton astrojournal, p. 248.

KORN

UNE PLANÈTE FICTIVE : PROSERPINE

Il ne t'aura pas échappé que seules onze planètes ont été jusque-là présentées, or le Zodiaque compte douze signes. N'y aurait-il pas assez d'astres dans le ciel pour chacun d'eux ?
Pendant longtemps, on a en effet réparti les maîtrises planétaires en se contentant de sept planètes. Traditionnellement, les astrologues considèrent que la Vierge est maîtrisée par Mercure (et non par Cérès), que le Verseau est maîtrisé par Saturne (et non par Uranus) et que les Poissons sont maîtrisés par Jupiter (et non par Neptune). Mercure, Saturne et Jupiter maîtriseraient donc deux signes à la fois.

LES MAÎTRISES PLANÉTAIRES	
Soleil	Lion
Lune	Cancer
Mercure	Gémeaux et Vierge
Vénus	Taureau et Balance
Mars	Bélier et Scorpion
Jupiter	Sagittaire et Poissons
Saturne	Capricorne et Verseau

Depuis, les découvertes astronomiques ont rendu Pluton au Scorpion, Uranus au Verseau, Neptune aux Poissons et Cérès à la Vierge, même si de nombreux astrologues continuent d'utiliser Mercure pour ce signe et celui des Gémeaux. Mais qu'en est-il de la Balance et du Taureau ? Vénus serait-elle la seule planète à posséder deux logements ? Les astrologues sont divisés à ce sujet. Certains parlent d'Éris, planète trans-saturnienne découverte en 2006, comme véritable maîtresse de la Balance, mais d'autres (dont l'auteure d'*AstroMap*) peinent à imaginer la déesse de la Discorde en résidente officielle d'un signe de conciliation et de douceur empathique : Vénus, déesse de beauté civilisatrice, semble réellement chez elle dans le septième signe. Dans ce cas, quelle planète pour le signe du Taureau ?

Panier Bio

UNE ANALOGIE AVEC LE SIGNE DU TAUREAU

Revenons sur la symbolique du signe : il s'agit d'un signe de Terre réceptive, un réceptacle prêt à englober, à accueillir et à nourrir. C'est la terre qui accepte que les plantes germent en elle pour donner leurs fruits. En ce sens, c'est la terre de Gaïa, la déesse-mère. L'ovule, le vase, le calice, le fourreau sont des symboles du Taureau, signe de réceptivité et d'accueil. Quel degré de conscience exprimerait la planète en analogie avec ce signe ?

La mythologie explique l'hiver et le printemps par le récit de Proserpine. Fille de Jupiter, roi de l'Olympe, et de Cérès, déesse des Moissons, Proserpine passe tout son temps en Sicile avec sa mère dans une infinie *dolce vita*. Mais un jour, elle disparaît. Après avoir (littéralement) remué ciel et terre, Cérès apprend que son frère Pluton, dieu des Enfers, garde Proserpine prisonnière de son royaume. Exigeant le retour immédiat de sa fille, Cérès se voit opposer un refus embêté de Jupiter au motif que Proserpine aurait mangé quelques grains de grenade, nourriture officielle des enfers. En effet, la loi olympienne est claire : quiconque goûte le fruit infernal doit rester aux enfers. Face au désespoir de Cérès, qui plonge la terre dans une saison de froid où rien ne pousse, Jupiter accepte que Proserpine partage son année en deux : six mois aux enfers avec son époux et six mois sur terre avec sa mère. Chaque année, Cérès se morfond et délaisse les champs, qui se couvrent de givre, et chaque année elle se réjouit en voyant sa fille réapparaître, ce qui fait de Proserpine la déesse du Printemps. Traditionnellement, Pluton est présenté comme un agresseur qui enlève la jeune femme de force : c'est hélas la coutume dans ces mythes antiques. Cette vision des choses s'explique aisément par le contexte historique : les récits nous proviennent de conteurs et non de conteuses, qui vivaient à une époque où la femme était encore plus méprisée que maintenant. Les histoires où mortelles, nymphes et même déesses ont leur mot à dire sont donc rarissimes.

Mais peut-on réellement croire que Proserpine ignore ce qu'elle accomplit en picorant la grenade à la vue de Charon, le passeur du Styx, qui se hâte de la dénoncer, alors que les immortelles peuvent aisément se passer de nourriture et qu'elle se trouvait tout à fait au courant de la loi divine ? Et si Pluton n'était pas son agresseur, mais son amant ? S'il ne s'agissait pas d'un rapt, mais d'une fugue amoureuse tout à fait consentie ?

LA PLANÈTE DU CONSENTEMENT ?

Cela éclaire le conte sous un angle différent. Comme l'ovule accepte d'être fécondé et la terre d'être cultivée, Proserpine consent à devenir l'amante : le sujet de son propre désir. Elle est planète de consentement. On ne peut rien lui prendre de force, puisqu'elle est d'accord ! Il s'agit pour elle de trouver un

terrain d'entente entre les aspirations de son amant et celles de sa mère, entre sa vie de femme désirante et sa vie de fille tendre.
Il existe un astre nommé Proserpine, mais son étude astrologique n'a pas apporté de démonstration évidente pour les astrologues. Jusqu'à la véritable découverte de l'astre, nous sommes en mesure de nous interroger sur cette planète (pour le moment) fictive. La notion de consentement est intimement liée aux limites : on accepte qu'on nous prenne quelque chose, à certaines conditions. Si les limites ne sont pas respectées, le consentement est retiré : il n'est jamais inconditionnel. C'est la clause nécessaire pour toute relation saine.
Pourtant, l'humanité éprouve des difficultés certaines à appréhender ce concept. On abuse des ressources de la terre, on exploite les animaux à échelle industrielle, on colonise des pays voisins, on propose aux femmes les miettes de ce que les hommes ne veulent pas... Garder en tête que la planète du Taureau reste à découvrir donne un sens particulier à notre destin collectif. Peut-être que, le jour où elle sera identifiée, les appels pour une économie plus respectueuse de l'environnement et pour une société plus inclusive auront été entendus ?
Mais il s'agit d'une théorie astrologique parmi d'autres : effectue tes propres recherches si le sujet des maîtrises planétaires t'intéresse. En attendant, considérons que Vénus est la planète de la Balance et du Taureau tout à la fois : elle est régente en attendant que Proserpine prenne les rênes de son formidable royaume.

PROMENADE DANS LE CIEL...

Selon les écoles, les astrologues peuvent observer d'autres astéroïdes, dits « mineurs » car moins « importants », ou « parlants », que les douze planètes précédentes, ainsi que des points fictifs mais symboliques. Autant de pistes à explorer, selon ta curiosité et ton intuition !

Lilith, la Lune noire vraie ou corrigée ⚸

Elle est un point fictif géométrique correspondant au second foyer de l'éclipse de l'orbite lunaire autour de la Terre. Tu peux la repérer sur ta carte par son symbole, un quartier de lune descendante sur une croix. Elle représente notre matière sombre : une énergie de douleur, de honte, d'extrême noirceur, de faiblesse, de peurs obsessionnelles... Certains astrologues pensent qu'il s'agit de la part de ténèbres transmises par nos vies antérieures. Si ton intuition te guide de ce côté, songe que peut-être, dans une autre vie, tu as pu voler, trahir, sombrer dans la luxure ou l'addiction... les failles de l'humanité ne manquent pas, hélas ! Son étude permet de progresser, car Lilith offre une vérité nue et crue, dure mais fondamentale. Pour l'appréhender, note le signe et la Maison où elle se trouve. Chaque signe a ses défauts : Lilith les évoque sûrement. Quant à la Maison, elle indique dans quel domaine doit être faite la purge karmique.

Junon ⚵

C'est un astéroïde en lien à la fois avec la Balance et avec le Scorpion : elle évoque la volonté de légaliser l'union de mariage (la Balance) tout en l'associant à la consommation de désirs charnels et psychiques (le Scorpion). Comme dans la mythologie, Junon incarne la femme mariée : si elle jouit des privilèges de reine du Ciel, elle peine à vivre une relation authentique avec Jupiter, qui fait peu cas de ses états d'âme et qui la trompe allègrement. Junon aspire à la complétude du couple, mais Jupiter ne respecte ni le contrat d'exclusivité ni la personnalité de son épouse, qu'il traite comme une simple créature alors que les ambitions de Junon sont fortes et dignes de considération. L'astre exprimerait une synthèse de la Lune et de Vénus en termes d'attentes non comblées du couple. Si c'est un sujet qui te semble pertinent à examiner pour ton existence, sache que Junon t'informe sur la façon de vivre tes frustrations et tes névroses dans ce domaine, et tes peurs dans toute relation signifiante : on peut étendre le sujet du couple à celui de l'autre (la Balance ou la Maison VII), selon l'importance que tu donnes à tes amitiés, à ta clientèle, à tes patients... Le signe et la Maison dans lesquels elle se trouve te donneront des pistes à explorer.

Vesta ⚶
Dans la mythologie, Vesta est considérée comme une déesse vierge, vivant seule dans son temple où elle protège le feu sacré qui représente la flamme du foyer. Si son énergie est plutôt terrienne (c'est une déesse solitaire qui se méfie des émois et des passions, et qui accomplit sa mission avec discipline pour éviter que le feu ne s'éteigne), l'astéroïde Vesta illustre notre pureté et notre intégrité intérieures. Elle est en lien avec la Lune et Cérès. Déesse vierge, elle ne saurait être abîmée par les abus ou les agressions. Son temple est inviolable, comme ton esprit et ton aspiration au rayonnement. Le signe et la Maison dans lesquels elle se trouve te donneront des pistes à explorer.

Pallas ⚴
C'est un astéroïde lié à Minerve, ou Pallas Athéna, déesse de la Stratégie et de la Sagesse. Elle inciterait à développer son intelligence pour s'intégrer au collectif et à s'émanciper de toute autorité dominatrice. Tactique et rusée, Pallas faciliterait les victoires sans violence ni agressivité martienne. La première compétition, ce sont nos propres limitations ! Le signe et la Maison dans lesquels elle se trouve te donneront des pistes à explorer.

Chiron ⚷
Le Centaure était spécialiste des plantes et des herbes médicinales, réputé pour son savoir en matière de guérison, d'astronomie et de divination (les Centaures sont une figure du Sagittaire : la tête tournée vers les étoiles !). Acceptant d'enseigner et de transmettre son savoir (notamment au héros Achille), il est une figure civilisatrice. En proie à d'intolérables douleurs après avoir reçu une flèche empoisonnée par le sang, toxique, de l'Hydre de Lerne, Chiron implore l'Olympe de mettre fin à son immortalité. Jupiter s'exécute et crée en hommage la constellation du Centaure. Chiron représente notre blessure profonde, qui ne peut ni guérir ni cicatriser, mais qui nous mène à la transcendance, une douleur initiatique qui nous réveille et nous amène à un degré de conscience supérieur. Tel un Sagittaire ayant appris la maîtrise de soi et la gravité, il nous invite à explorer cette souffrance, à tester nos mécanismes de protection afin de les dépasser. Il indique le chemin de la guérison par l'acceptation de ce qui ne peut être contourné et évité (tel l'immortel choisissant de devenir mortel), sans fuite ni lâcheté, avec courage et maturité. Le signe dans lequel se trouve Chiron te renseigne sur le type de plaie ouverte que tu portes : il s'agit d'accepter le fait qu'elle ne guérira jamais totalement. La Maison dans laquelle se trouve Chiron te renseigne sur le type d'activités que tu peux entreprendre dans ta quête.

Les nœuds lunaires ☊
Ils sont un sujet particulièrement intéressant en astrologie karmique : il s'agit de points fictifs, à l'intersection de l'orbite lunaire et de l'écliptique terrestre. Ils forment donc un dialogue croisé entre le Soleil (les objectifs et la volonté) et

la Lune (l'émotivité et la mémoire). Le nœud lunaire sud, ou queue du dragon, représenterait le passé et tes vies antérieures, des leçons que tu as apprises et qui te servent spontanément dans ta vie actuelle. Il faudrait se servir du nœud sud comme d'un appui avant de s'en détacher pour se diriger vers le nœud nord. Le nœud lunaire nord, ou tête du dragon, représenterait l'objectif fondamental de ta présente incarnation, qui nécessite des expérimentations et des prises de risque, quitte à alourdir ton karma pour l'incarnation suivante ! Évidemment, il n'y a pas de mauvais nœud lunaire : par définition, ils sont opposés et suivent un axe de complémentarité astrologique (un nœud nord en Verseau aura un nœud sud en Lion, un nœud nord en Poissons aura un nœud sud en Vierge…). Il s'agit simplement d'une indication de trajectoire. Si on oublie un instant la complexité de ta carte du ciel, quel est le but global de ton existence ? Tu pourrais trouver des informations dans l'analyse de ton axe de nœuds lunaires. Si cette dimension karmique t'intéresse, n'oublie pas de la mettre en lien avec la Lune noire.

Quelle est ta planète dominante ?

Une planète dominante t'amène à prêter attention aux transits de la planète en question (voir p. 228), qui peuvent dynamiser ta carte tout au long de ton existence. Comment la reconnaître ?

- *Si ta carte contient un amas, ou stellium, de quatre planètes ou plus dans le même signe, il s'agit de distinguer la planète maîtresse de ce signe (voir le tableau des maîtrises planétaires, p. 112). Celle-ci est très sûrement dominante dans ton thème.*
- *Si une planète est conjointe (voir p. 208), soit à + ou – 5° d'un des quatre angles de ta carte, elle est sûrement dominante. On regarde en priorité si une planète est conjointe à ton Milieu du Ciel, à ton Ascendant, à ton Descendant ou à ton Fond du Ciel.*

Il est parfois difficile de distinguer la planète dominante du premier coup d'œil. Dans certains cas, c'est presque comme s'il n'y en avait pas ! Si tu ne parviens pas à dégager une tendance et que la question te tracasse, tu peux toujours solliciter un ou une astrologue pour lui poser la question et analyser l'influence de cette planète dominante sur ta carte.

- V -

Les Maisons

LES ATELIERS DE TA VIE

Les signes du Zodiaque et les planètes astrologiques te sont désormais familiers, mais c'est leur répartition sur ta carte qui va te fournir les clés les plus importantes à la compréhension de celle-ci. En effet, comme tu t'apprêtes à le découvrir, un Soleil en Bélier en Maison I n'a pas la même saveur qu'un Soleil en Bélier en Maison VII !

On appelle « domification » (de *domus*, « maison ») la division de ta carte en douze parties. Elles sont numérotées dans le sens inverse des aiguilles d'une montre, depuis la partie gauche en bas (Maison I) jusqu'à revenir à gauche en haut (Maison XII). Il s'agit des différents ateliers de ton existence, des thèmes que tu vas devoir expérimenter et travailler. Si on compare les tiens à ceux de la carte de ton voisin, il y a de fortes chances pour que ces ateliers ne soient habités ni par les mêmes signes ni par les mêmes astres.

Les maisons astrologiques sont comme des plateaux de théâtre : des estrades encore vides, sans rideaux, sans projecteurs, sans aucune action encore. Il va leur falloir s'imprégner d'une certaine énergie pour définir la nature de leur décor, la couleur de leurs rideaux, l'intensité de leurs projecteurs : leur décorum, c'est celui du ou des signes qui les habitent.

La Maison I, dans toutes les cartes du ciel, s'intitule « Je suis » et donne des indications sur l'individualité et le comportement spontané du propriétaire de la carte. Selon le signe qui l'habite, « je suis » d'une certaine façon parmi les douze différentes manières possibles. Si, dans ta carte, ta Maison I se nourrit de l'énergie du Taureau, par exemple, peut-être se pare-t-elle de l'énergie des Gémeaux dans celle de ton voisin. C'est là que surgit la première singularisation d'une carte du ciel.

Les Maisons I à VI tracent le chemin de ton développement en tant qu'individu unique.	**Les Maisons VII à XII indiquent ta trajectoire en tant qu'individu appartenant à un collectif, à une société, à un réseau plus grand que ta propre personne.**
Maison I : je suis Ton comportement spontané.	**Maison VII : nous sommes** Tes partenariats, tes associations et tes collaborations.
Maison II : je possède Les biens que tu acquiers.	**Maison VIII : nous (dé)possédons** Les biens qu'on te lègue.

Maison III : je communique Ta façon de donner et de recevoir des informations.	**Maison IX : nous explorons** Ta spiritualité et tes voyages.
Maison IV : je ressens Ton foyer et ta sécurité intérieure.	**Maison X : nous réalisons** Ton accomplissement public, social et professionnel.
Maison V : j'aime Tes plaisirs et tes créations.	**Maison XI : nous partageons** Tes soutiens, tes réseaux dans le collectif.
Maison VI : je sers Les services, tes corvées, ta santé et ton organisation quotidienne.	**Maison XII : nous nous abandonnons** Là où tu dois lâcher prise.

LES MAISONS HABITÉES PAR DES PLANÈTES

Prends un moment pour observer ta carte et repérer les Maisons habitées par des planètes : elles donnent un coup de projecteur sur les ateliers où elles stationnent. Est-ce que les intitulés de ces Maisons t'évoquent quelque chose ? Si les thèmes te surprennent, c'est sûrement que tu vas avoir l'occasion de creuser le sujet véritable de telle ou telle Maison. Les apparences sont trompeuses : ce n'est pas parce que ta Maison II est habitée par plusieurs astres que tu es matérialiste, par exemple. C'est un peu plus riche et complexe que ça...

Ta Maison n'abrite aucune planète astrologique ?

Une Maison inhabitée n'est vide qu'en apparence : ce n'est pas pour autant que rien ne s'y passe, simplement tu ressentiras plus fort l'énergie des signes où les astres s'agitent... Donc pas de panique si tu désires ardemment te marier et que ta Maison VII est vide ! Il n'y a jamais une unique réponse possible en astrologie : toute ta carte est plus subtile que tu pourrais le croire. Si ta Maison ne contient pas de planète, prête attention au(x) signe(s) qui l'habite(nt). Pour savoir quelle planète va activer ta Maison, ou à quel transit tu dois faire attention, il faut que tu repères où se trouve la planète qui maîtrise le signe de ta Maison, c'est-à-dire la planète qui maîtrise son signe (voir p. 112). Elle est en Balance ? Alors regarde où se trouve Vénus. Elle est en Bélier ? Regarde où se trouve Mars. Elle est en Poissons ? Regarde où se trouve Jupiter, etc. Tel un jeu de ricochet, c'est une manière pour l'univers de te dire que, pour résoudre les enjeux de telle Maison inhabitée, il faut d'abord s'occuper des dynamiques de la planète qui a la maîtrise de son signe.

Maison I

JE SUIS

La Maison I est l'atelier consacré à ton comportement spontané.

La Maison I débute avec la ligne d'ascendant : le signe zodiacal dans lequel elle commence donne des informations sur ton comportement au quotidien et sur la façon dont tu vas agir et réagir au quotidien.

Elle se dédie à ton individualité, à ton ego, à ta vitalité quotidienne, à ton dynamisme, à ton apparence, au caractère, au tempérament et aux humeurs que tu revendiques, et que les autres perçoivent également. On y trouve ta conscience d'exister en tant qu'être unique, que sujet à part, agissant par lui-même et pour lui-même.

Ton Soleil natal clame un idéal à atteindre, des valeurs que tu considères comme supérieures aux autres et qu'il serait profitable de faire tiennes. Ton Ascendant évoque le costume que tu revêts pour exister, que tu utilises pour te définir à toi-même et t'identifier auprès des autres. Si ton Soleil se trouve en Maison I, et plus encore s'il est dans le signe de ton ascendant, cela signifie que tes valeurs idéales et ton comportement sont alignés, ce qui peut faciliter bien des choses !

Dans certaines cartes, l'ascendant peut aussi évoquer ta capacité à porter un masque de surface, un vernis qui te polit mais peut s'effriter au cours de la vie pour laisser place à tes valeurs véritables, portées en étendard par ton Soleil natal. La Maison I te concerne absolument, contrairement à la Maison VII, qui se trouve en face sur l'axe Ascendant-Descendant, et qui touche ton rapport aux autres.

Rappel : les Maisons interceptées

Il est possible que ta Maison I se trouve dans deux ou même trois signes à la fois : il s'agit alors d'une Maison interceptée. Pas de panique ! Cela peut signifier plusieurs choses :

- *que cet atelier de ton existence se partage en plusieurs énergies qu'il te faudra comprendre, apprivoiser et faire tiennes ;*
- *que cet atelier te permet de régler un conflit issu d'une vie antérieure ;*
- *que, si une planète se trouve dans cette Maison, une attention supplémentaire est portée au signe qu'elle habite.*

✷

LE SIGNE QUI HABITE TA MAISON I

Le signe de ta Maison I (Ascendant) te prête ses traits de caractère.

Le Bélier ♈

Es-tu habité par une force spontanée et énergique qui facilite les prises d'initiative rapides et les décisions fulgurantes ? As-tu un tempérament de leader, de commandant ?

Le Taureau ♉

Es-tu un être pragmatique, stable mais un brin têtu, qui apprécie le confort et la sécurité ?

Les Gémeaux ♊

Ton tempérament est-il curieux et léger ? Ton appétit littéraire et intellectuel est-il important ? As-tu soif de nouveautés au quotidien ?

Le Cancer ♋

Serais-tu une âme tendre, rêveuse et timide qui cultive la douceur et se protège volontiers du monde extérieur ?

Le Lion ♌
Aurais-tu des allures de monarque, cherchant à se construire par et pour lui-même, aspirant à briller par les arts, la création, la scène ?

La Vierge ♍
Tu préfères l'analyse et la raison aux affres de la passion et de l'émoi, privilégiant la discrétion et la classification de tes pensées plutôt que de faire preuve de spontanéité ?

La Balance ♎
Capable de conciliation et d'une grande amabilité, dépendant des autres pour aviser tes propres choix, fais-tu passer l'harmonie et la paix avant ton besoin d'affirmation ?

Le Scorpion ♏
Concentré, combatif et tenace, mettrais-tu tes talents d'observation et ta puissante intuition au service de ton sens stratégique ?

Le Sagittaire ♐
Ta soif d'aventure et de plaisirs ainsi que ton enthousiasme communicatif s'expriment-ils au quotidien ?

Le Capricorne ♑
Affiches-tu un tempérament persévérant, mais aussi stoïque et discipliné, comme si tu cherchais à supprimer tes émotions ?

Le Verseau ♒
Dégages-tu une aura anticonformiste, décalée, éprise de liberté et d'originalité par rapport aux conventions ?

Les Poissons ♓
Ton caractère est-il empreint d'hypersensibilité, de compassion, mais aussi peut-être d'une pointe de fatalisme ?

Comment décrirais-tu ton tempérament au quotidien ? Est-ce ainsi que les gens te perçoivent ? Est-ce que ton Ascendant te correspond ? Sinon, pourquoi ? Dans chaque cas, tu peux noter les qualités que tu te reconnais ou les défauts qui t'agacent dans l'archétype du ou des signes qui occupent ta Maison I. Rends-toi dans ton astrojournal p. 250.

LES PLANÈTES QUI SE SITUENT DANS TA MAISON I

Les planètes situées dans ta Maison I vont accomplir leur mission en espérant t'aider à t'affirmer et à t'individualiser.

Le Soleil ☉

La volonté solaire rayonne dans l'atelier de l'individualité, et se trouve alignée avec ton tempérament spontané. Cette position renforce les traits de caractère liés à ton signe solaire (en particulier s'il s'agit du même signe que ton Ascendant), et l'assurance de ta cohérence avec toi-même. C'est une position autocentrée qui ne facilite pas forcément la coopération avec autrui, mais qui favorise la confiance en soi et l'expression de la personnalité. Si ton Soleil se trouve dans un signe différent de ton Ascendant, cela peut créer une ambivalence entre ton tempérament instinctif et la façon dont tu aimerais réagir dans l'idéal.

➡ Prête attention aux autres pour contrecarrer la tendance du Soleil à éclipser le reste du monde.

La Lune ☽

Son intuition s'unit à l'expression de ta personnalité. Ton caractère offre une part importante à la sensibilité à fleur de peau, aux émotions brutes, à l'imagination. Si l'astre est dans le même signe que ton Ascendant, ton caractère et ta capacité à ressentir sont alignés : ton comportement et ton émotivité sont indissociables. Si, en revanche, ta Lune se trouve dans un signe différent de ton Ascendant, cela peut créer une certaine imprévisibilité dans tes réactions.

➡ Ancre-toi dans tes valeurs authentiques et inaltérables pour ne pas subir les humeurs changeantes de la Lune.

Mercure ☿

Il accentue tes velléités à communiquer, ta curiosité, mais également ta nervosité. Son mental et sa cérébralité s'activent pour l'affirmation de toi-même : tu sollicites son appétence intellectuelle et sa faculté de raisonnement au quotidien. Si Mercure se trouve dans un signe différent de ton Ascendant, cela peut créer des contradictions entre ton tempérament et ta façon de communiquer.

➡ Essaie de déconnecter de ton continuel flux de pensées pour mettre tes nerfs au repos.

Vénus ♀

L'affectivité et la recherche de relations font partie intégrante de ton quotidien. Si Vénus se trouve dans le même signe que ton Ascendant, tes réactions et tes aptitudes relationnelles seront cohérentes. Si elle est dans un signe différent de ton Ascendant, une contradiction pourrait surgir entre ton comportement et ta capacité à établir des liens harmonieux avec autrui.

- ➡ Accorde-toi des temps d'autonomie et de solitude pour faire le point sur ce que tu gagnes ou concèdes au gré de tes relations.

Mars ♂

Il use de sa force pour ton besoin de te réaliser et de t'auto-entreprendre ! Il est possible que ton plus grand compétiteur soit toi-même, car Mars apprécie d'affronter des adversaires à sa taille : sa vitalité se mettant en œuvre dans l'atelier de l'affirmation de soi, tu pourrais bien aimer te fixer des défis et des challenges afin de te prouver que tu en es capable. Si Mars est dans un signe différent de ton Ascendant, tu pourrais sentir des contradictions entre tes humeurs et ta façon d'agir ou de prendre des décisions.

- ➡ Utilise ta lucidité pour contrecarrer la tendance de Mars à l'égoïsme et aux actions impulsives, manquant de réflexion.

Cérès ⚳

Sa logique et son goût des savoirs techniques se mettent au service de ta personne uniquement : tu pourrais posséder des talents d'organisation et de gestion non négligeables. Si Cérès se trouve dans le même signe que ton Ascendant, la compétence cérésienne est alignée avec ton comportement. Si elle est dans un signe différent, ta raison et tes réactions pourraient bien se disputer.

- ➡ Rappelle-toi que ta valeur n'est pas fixée par tes aptitudes organisationnelles.

Jupiter ♃

Ton épanouissement s'inscrit dans l'affirmation de ton individualité, de manière dynamique, généreuse et ouverte. Si Jupiter est dans le même signe que ton Ascendant, ton image extérieure et ton comportement seront alignés. S'il est dans un signe différent, l'image que tu renvoies aux autres pourrait contraster avec ton comportement.

- ➡ Souviens-toi que ton intégration dans le groupe peut se faire de manière équilibrée, sans excès ni exagération.

Saturne ♄

Te structurer et te contrôler représentent un enjeu de taille dans l'affirmation de ta personnalité. L'astre nous somme de renoncer pour mûrir : tu pourrais douter de toi au point d'inhiber ta véritable nature, mais c'est précisément par cette voie que tu seras amené à faire preuve de davantage de maturité et de sagesse que bien d'autres ! Cet astre ambitieux et pragmatique affine tes aspirations et se projette sur le long terme. S'il est dans le même signe que ton Ascendant, Saturne t'apportera de la stabilité. S'il est dans un signe différent, tu pourrais ressentir de la frustration et de l'insatisfaction quant à ton tempérament quotidien.

- ➡ Plutôt que de considérer la vie comme une mise à l'épreuve, accepte que Saturne te propose au défi dont tu sortiras grandi !

Uranus ♅

S'il est dans le même signe que ton Ascendant, sa quête d'indépendance fait partie de ta personnalité. La recherche d'originalité, d'idées novatrices, de liberté absolue imprègne ton attitude.

➡ Si te sentir libre est nécessaire à ton bien-être, cela ne doit pas se faire au prix de ta santé nerveuse.

Neptune ♆

Ton inspiration imprègne ta personnalité. Tu pourrais avoir des facilités à t'en remettre à ton ressenti général, à tes émois mystiques, à tes visions oniriques.

➡ Ta part de rêverie peut s'exprimer sans que tu te berces d'illusions : elle t'aide à traverser ta vie matérielle et incarnée en la rendant plus douce, sans la remplacer pour autant.

Pluton ♇

Ta capacité à te réinventer et à te régénérer est sûrement très forte, mais cet astre étant mystérieux et ambivalent, gare aux tendances autodestructrices.

➡ Le pouvoir de ta résilience ne t'invite pas à vivre dans une suite de crises perpétuelles : déleste-toi du poids de ta culpabilité et utilise la puissance plutonienne pour progresser vers ton bonheur et ton idéal.

Plusieurs planètes se trouvent dans ta Maison I…

Plusieurs astres mettent un coup de projecteur sur cet atelier pour attirer ton attention : leur présence n'est pas anodine. Elle signifie qu'un de tes enjeux astrologiques consiste à comprendre qui tu es, à définir ton ego et ton potentiel de réalisation, mais aussi les limites de ton caractère et de tes attitudes. Ta quête de sens, très tournée sur ta personne, est légitime : le reste de ta carte dépend de ta progression dans ce domaine. Te centrer sur toi-même ne fait pas de toi une personne égoïste ou narcissique pour autant : tout est question d'équilibre.

Et si ta Maison n'abrite aucune planète astrologique, rends-toi p. 121.

Si tu as des planètes dans ta Maison I, est-ce que leurs missions résonnent avec la thématique de cet atelier ? Rends-toi dans ton astrojournal, p. 251.

Les thématiques de la Maison I te titillent ?
Voici un rituel pour augmenter l'affirmation de soi.

Attends une période de lune montante pour ce rituel : il s'agit de la période située entre la nouvelle lune et la pleine lune, qui correspond à une phase de renouveau émotionnel (nouvelle lune) progressant jusqu'à la révélation émotionnelle (pleine lune). Tu peux effectuer ce rituel chez toi. À l'aide d'une boussole ou d'une application des points cardinaux, assieds-toi face au nord.

Le plus pratique est d'utiliser une petite table uniquement réservée aux rituels, mais tu peux aussi te servir d'un tabouret, que tu débarrasseras soigneusement après chaque utilisation. Munis-toi de trois bougies : une rouge (pour le tonus), une blanche (pour la purification) et une jaune (pour la joie). Dispose-les sur la table en arc de cercle, dans cet ordre (rouge, blanche, jaune), et ajoute un petit bol au centre.

Allume de l'encens de magnolia, une essence qui favorise la confiance en soi.

Avec la main que tu utilises le plus (la gauche si tu es gaucher, la droite si tu es droitier), mélange quatre pincées de gingembre (liée à la puissance et au succès) et une pincée de muguet (liée à Mercure, au savoir et au cérébral) dans le bol, puis pose ta main à plat sur celui-ci.

Concentre-toi et répète ces paroles (ou celles de ton choix, tant que ça reste dans le thème...) : « Je prends confiance. Ma force est ma volonté. Je désire et je suis capable : je veux et je peux. »

Recueille le mélange et glisse-le dans un petit sac de tissu blanc, puis termine le rituel et médite aussi longtemps que ça te fait du bien, en essayant de ressentir ta force intérieure. Éteins ensuite les bougies.

Ensuite, place le sac sous ton oreiller et répète le mantra au moment de t'endormir, pendant 21 nuits (jusqu'à l'apparition du nouveau premier quartier, qui annonce la nouvelle lune suivante). Le progrès ne sera pas immédiat – on recherche une amélioration durable dans ce domaine ! –, mais la force intérieure se consolide jour après jour.

Si les rituels ne sont pas ta tasse de thé, tu peux aussi voir ou revoir Billy Elliot, *de Stephen Daldry, un film où un jeune garçon parvient à imposer son amour de la danse à une famille plus que récalcitrante ! Billy se construit sans douter : inspirons-nous de lui !*

Maison II

JE POSSÈDE

La Maison II est l'atelier consacré à tes biens personnels.

La Maison I parlait de l'être, la Maison II se consacre à l'avoir : l'argent, la fortune personnelle acquise par ses propres moyens, qu'il s'agisse de qualités ou de labeur. Cet atelier se consacre à tous les aspects matériels de ta vie, à ce qui te permet de t'incarner. Il est donc lié aux thématiques suivantes...

- L'argent que tu gagnes en travaillant ou en exerçant tes dons. La Maison II peut ainsi t'informer indirectement quant à tes activités professionnelles : celles qui ont un intérêt pécuniaire, débouchent sur des transactions financières et paient tes factures.
- Ton rapport à l'argent et au matériel en général : ton niveau de vie, la nature de tes revenus. Es-tu un flambeur qui dépense impulsivement ? un épargnant qui gère méticuleusement son budget ? ailleurs sur ce spectre ?
- Ton rapport à ton corps, car il s'agit de ton premier trésor matériel en ce bas monde.
- Tes acquisitions financières et immobilières : tes comptes en banque, ta fortune, ta maison, ta sédentarité, tes propriétés...
- Ton besoin de sécurité et de stabilité.
- Tes dons innés qui aspirent à prendre forme.

Il faut considérer la Maison II comme le terreau dans lequel tu t'épanouis d'un point de vue physique : c'est un outil nécessaire à ta survie, mais aussi à ta floraison spirituelle, car rares sont les personnes qui parviennent à s'épanouir le ventre vide et sans l'assurance de dormir à l'abri.

✶

LE SIGNE QUI HABITE TA MAISON II

Le signe de ta Maison II t'indique des moyens de prospérer matériellement.

Le Bélier ♈
Ferais-tu preuve d'imprudence ou d'inconséquence avec tes biens et ta fortune ? Ou d'impulsivité lorsqu'il s'agit de les obtenir ?
➡ Une activité réclamant combativité (comme le sport), commandement ou prise de décision (entrepreunariat, capitaine d'équipe) pourrait te permettre de gagner ta vie.

Le Taureau ♉
Préfères-tu gérer tes biens avec prudence, en cherchant à les sécuriser ?
➡ Une activité manuelle et/ou stable, s'inscrivant dans le matériel (commerce, restauration, horticulture, arts plastique, immobilier, monde bancaire), pourrait te permettre de gagner ta vie.

Les Gémeaux ♊
La légèreté et l'insouciance te paraissent appropriées pour appréhender tes ressources matérielles ? Pourrais-tu préférer les activités polyvalentes et diversifier tes sources de revenus ?
➡ Une activité favorisant les échanges matériels (commerce) ou intellectuels, la vivacité ou la flexibilité physique (gymnastique, sport pratiqué en équilibre ou dans les airs, comme le cirque, le funambulisme...).

Le Cancer ♋
Es-tu doué d'imagination ? Pourrais-tu travailler en famille ? Est-ce important pour toi de travailler avec des gens pour qui tu éprouves de l'affection ?
➡ Une activité faisant appel à l'imagination créatrice ou au contact de la petite enfance pourrait te permettre de gagner ta vie.

Le Lion ♌

Tiens-tu à vivre dans l'opulence afin de dépenser sans compter, pour financer tes passions ou celles des personnes que tu aimes ?

➡ Une activité imposant une reconnaissance sociale pour tes talents pourrait te permettre de gagner ta vie (création d'œuvres artistiques, performances sportives, mécénat, commerce de luxe...).

La Vierge ♍

T'occupes-tu de tes biens avec prévoyance et anticipation, en suivant tes dépenses ?

➡ Une activité de service où tu peux te rendre utile par l'analyse, le calcul, le tri ou la classification pourrait te permettre de gagner ta vie.

La Balance ♎

Considères-tu la possession des biens fondamentale pour l'harmonie générale de ta vie ?

➡ Une activité liée à la beauté (esthéticien, mannequin) ou au relationnel et au mariage (organisation de mariage, médiation conjugale) pourrait te permettre de gagner ta vie.

Le Scorpion ♏

Crois-tu qu'un peu d'audace et de prise de risque en ce qui concerne le matériel puisse être rémunérateur ?

➡ Une activité liée à ce qui te passionne de la racine des cheveux jusqu'au bout de tes orteils, mais aussi (car ce sont des thématiques liées à ce signe original) à l'introspection (psychologue, psychanalyste...), à la mort (médecine légale, pompes funèbres...) ou au sexe (sexologie, métiers de l'érotisme...), pourrait te permettre de gagner ta vie.

Le Sagittaire ♐

Dispenses-tu ta fortune avec générosité autour de toi ? Dépenses-tu sans compter afin de profiter de la vie ?

➡ Une activité liée au voyage (agence de tourisme, guide...), à la spiritualité (maître yogi...) ou à la bonne chère (viticulture, métiers de bouche...) pourrait te permettre de gagner ta vie.

Le Capricorne ♑

Est-ce qu'une gestion responsable et à long terme de tes biens te rassure ?

➡ Une activité liée à la politique, à la recherche ou aux sciences dites « dures » pourrait te permettre de gagner ta vie.

Le Verseau ♒

Crois-tu que les propriétés terrestres sont plus encombrantes qu'autre chose, au point de préférer les mettre au profit de projets ou d'investissements dépassant le confort de ta petite personne ?

- Une activité liée aux grandes inventions ou aux projets associatifs, solidaires et visionnaires pourrait te permettre de gagner ta vie.

Les Poissons ♓

Ferais-tu confiance à ton intuition plus qu'à la raison et au calcul pour gérer ta survie terrestre ?

- Une activité liée à la thérapie et au soin, à la spiritualité, à la musique ou à la poésie pourrait te permettre de gagner ta vie.

Comment décrirais-tu ton rapport à la matérialité, à ton corps, à l'argent, aux propriétés ? Est-ce que le signe de ta Maison II correspond à sa thématique ? Sinon, pourquoi estimes-tu qu'il y a un décalage ? Rends-toi dans ton astrojournal, p. 250.

✶

LES PLANÈTES QUI SE TROUVENT DANS TA MAISON II

Les planètes situées dans ta Maison II vont accomplir leur mission en espérant t'aider à construire ton existence matérielle. Pas de petit conseil cette fois-ci, car la gestion de tes biens et de tes dons dépend aussi grandement du reste de ta carte, et te donner une astuce sans avoir consulté le contexte de ton thème astral personnel paraît un peu présomptueux ! À toi de te demander si les planètes possiblement présentes dans ta Maison II participent ou nuisent à ton équilibre et à ta prospérité matérielle.

Ton Soleil ☉

Son idéal rayonne par l'acquisition de tes biens financiers, de tes propriétés matérielles et foncières. Tu mûris grâce à des activités qui vont t'amener de la prospérité et de la stabilité. Ta volonté et ton ambition solaires s'inscrivent dans le travail, dans ta capacité à gagner ta vie en toute indépendance, et peut-être à acheter ou à construire une maison.

Ta Lune ☽

Son intuition, sa capacité d'adaptation et sa créativité s'unissent aux activités en lien avec la fortune, le commerce, le public. Plus passive que le Soleil, elle peut traduire des changements et des fluctuations sur les plans matériel et financier. Le manque de sécurité et de stabilité influe directement sur ton émotivité.

Mercure ☿

Les acquisitions matérielles constituent une priorité pour ses facultés intellectuelles, et sont une thématique assez accaparante pour son mental nerveux et agité. Tes activités pécuniaires peuvent te demander de faire appel à ton intelligence, à ta logique et à ton ingéniosité.

Vénus ♀

Sa quête d'harmonie passe par le confort matériel, peut-être même par l'acquisition d'œuvres d'art, de décoration intérieure esthétique, d'un cadre de vie gracieux permettant de vivre sereinement ses relations affectives. Peut-être aussi éprouve-t-elle la tentation de plaire à autrui pour gagner sa vie, de séduire dans le cadre de son activité professionnelle.

Mars ♂

Il use de sa force au profit de tes acquis matériels. Il se bat pour ta fortune, mais ce n'est pas un financier économe. C'est un guerrier : selon le signe dans lequel il se trouve, il fera preuve de plus ou moins de stratégie concernant tes capitaux.

Cérès ⚳

Elle se fera un plaisir d'utiliser ses talents logiques au profit d'une gestion économe et raisonnable de tes biens, mais son besoin de tout anticiper en quantités suffisantes peut générer de l'inquiétude si ta situation (par d'autres aspects de ta carte) ne lui fournit pas assez de sécurité et de stabilité à son goût.

Jupiter ♃

Ton épanouissement et ton intégration dans le collectif passeraient-ils par l'acquisition exponentielle de biens matériels ? Si l'astre est réputé pour son faste et son aptitude à attirer la chance, gare aux excès en dépensant plus que tu ne gagnes ou en faisant preuve de trop de générosité.

Saturne ♄

Prévoyance et réalisme sont nécessaires pour parvenir aux économies nécessaires aux achats de longue durée, notamment sur le plan immobilier. Mais cet astre réclame des efforts : tes biens matériels seront acquis grâce à ton labeur et à ta responsabilisation.

Uranus ♅

Ta manière de gagner de l'argent pourrait se révéler originale et singulière, résultant peut-être de coups de génie éclatants et soudains. Pourtant, l'astre marque aussi les évolutions rapides et brusques : tu pourrais gagner de grosses sommes… et les perdre tout aussi vite !

Neptune ♆

Cette planète marque les illusions et le flou. Tu pourrais bien avoir un rapport très impalpable à l'argent, celui-ci te paraissant dénué de sens, ou être amené à te lancer dans des activités financières qui montreront leur vraie nature plus tard, quitte à se révéler frauduleuses… Prudence, donc.

Pluton ♇

Son ambition, sa ténacité et sa résilience s'inscrivent dans l'atelier de tes acquisitions. Tu pourrais être amené à te réinventer grâce à tes activités pécuniaires ou à occuper des postes de pouvoir.

Plusieurs planètes se trouvent dans ta Maison II…

Plusieurs astres mettent un coup de projecteur sur cet atelier pour attirer ton attention : leur présence n'est pas anodine. Elle signifie qu'un de tes enjeux astrologiques consiste à t'incarner, à prendre de la place et du poids. Tes activités professionnelles, mais aussi la mise à exécution de tes dons, cherchent à prendre corps de manière concrète et matérielle, via la production d'œuvres, de produits qui pourraient donner lieu à la réception d'écus sonnants et trébuchants. Ne prends pas les activités commerciales pour des affaires matérialistes, dénuées de sens et de spiritualité : il est possible que les astres présents dans ta Maison II t'invitent à travailler (littéralement !) pour que tu accouches de tes richesses intérieures.

Et si ta Maison n'abrite aucune planète astrologique, rends-toi p. 121.

Si tu as des planètes dans ta Maison II, est-ce que leurs missions résonnent avec la thématique de cet atelier ? Rends-toi dans ton astrojournal, p. 251.

Les thématiques de la Maison II te titillent ?
Voici un rituel pour attirer l'abondance.

Réserves de nourriture, davantage de temps à dépenser, plus d'argent sur tes comptes, une augmentation de ton confort matériel : tout ce que tu souhaites pour te sentir comblé, tu peux essayer de l'attirer à toi. Comme pour chaque rituel, mets-toi face au nord. Allume de l'encens de jasmin, fleur de prospérité, et allume une bougie rouge. Fais des demandes précises à l'univers en les prononçant à voix haute (le montant de l'augmentation que tu espères, les travaux que tu aimerais faire chez toi...) et écris tes souhaits sur un bout de papier. Remercie l'univers et passe le papier au-dessus de l'encens afin de l'imprégner.
Place-le ensuite dans un endroit dédié. À la nouvelle lune, retire-le de sa cachette et garde-le sur toi, dans une poche intérieure de ton manteau, par exemple !

Si les rituels ne sont pas ta tasse de thé, tu peux aussi voir ou revoir le film Slumdog Millionnaire, *de Danny Boyle, dans lequel Jamal, un enfant de la rue, participe à un jeu télévisé en espérant remporter le pactole ! Jamal ne possède rien ; c'est l'amour qu'il a pour son amie d'enfance, Latika, qui le porte, ainsi que son espoir de voir fortune et bonheur venir à lui quand il aura enfin retrouvé Latika.*

Maison III

JE COMMUNIQUE

La Maison III est l'atelier consacré à ta façon de recevoir et de transmettre des informations.

La Maison III se dédie à ta communication, à tes échanges verbaux et écrits avec ton entourage proche. Elle te renseigne sur différents points…

* Ton relationnel avec les personnes que tu considères comme des égaux dans la hiérarchie sociale (tes frères et sœurs, cousins et cousines, voisins et voisines, amies et amis, tes collègues et collaborateurs, ta petite clientèle, avec qui les échanges sont détendus, ou les personnes avec qui tu flirtes sans implication émotionnelle forte, en restant à un stade encore superficiel dans la relation). Il s'agit de contacts immédiats et sociables noués avec un groupe de proximité.
* Ta manière de prendre part aux discussions, de considérer les informations transmises par tes pairs (avec flexibilité, froideur, bienveillance, passivité, impulsivité…), de nouer des contacts. La Maison III te renseigne donc, indirectement, sur une partie de tes habiletés relationnelles.
* L'éveil de ton intellect, de ta curiosité, de ta pensée et de ton langage au quotidien. Elle rejoint donc la thématique de tes expressions écrites (notamment ta correspondance et ton éventuelle production pédagogique), de ta soif de

connaissances et d'apprentissages, de ton rapport à l'enseignement et aux études primaires et secondaires, de ta faculté d'adaptation et de ta capacité à former une pensée intellectuelle ou sociale.

* La mobilité de l'esprit est stimulée par des déplacements physiques : la Maison III inclut donc ta capacité à te mettre en circulation et en mouvement, en empruntant les moyens et voies de transport utilisés pour les petits voyages (vélo, voiture, bus, train…), qui te permettent de multiplier les échanges et les dialogues, de gagner en mobilité et en autonomie. Cela peut être un facteur important de ta vie si ton métier t'amène à beaucoup voyager ou, par exemple, à conduire des personnes ou des objets d'un point A à un point B ! Enfin, cet atelier évoque l'habileté à faire circuler les mots autant que les objets, et donc à prêter ou à vendre des biens aux autres.

LE SIGNE QUI HABITE TA MAISON III

Le signe de ta Maison III marque ta manière de communiquer avec ton entourage proche, dans un rapport égalitaire.

Le Bélier ♈
Tes paroles sont-elles impulsives, volontaires mais un peu autoritaristes ? Exprimes-tu facilement ton mécontentement et ta colère ? As-tu tendance à oublier aussi vite que tu as entendu ?

Le Taureau ♉
T'exprimes-tu de façon simple et posée ? Te sens-tu bousculé lorsque le rythme autour de toi s'accélère ? Ta façon d'assimiler les informations nécessite-t-elle de prendre du temps ?

Les Gémeaux ♊
Tes paroles fusent-elles avec facilité mais nervosité ? As-tu tendance à papillonner sans arriver à te concentrer ? Apprécies-tu le bavardage et la multiplicité des échanges ?

Le Cancer ♋
Préfères-tu garder ta riche vie intérieure pour toi ? Lorsque tu t'adresses à tes interlocuteurs, privilégies-tu un langage enfantin et des expressions régressives ? Tes contacts, s'ils sont peu nombreux en raison de ta réserve, sont-ils riches, chaleureux et profonds ?

Le Lion ♌
Attends-tu l'approbation et l'admiration de ton entourage ? Cherches-tu à t'imposer à travers des échanges te valorisant ?

La Vierge ♍
Fais-tu preuve de réserve, voire de timidité ? A-t-on déjà qualifié ton expression de mécanique ? Privilégies-tu l'analyse à l'action ?

La Balance ♎
Bénéficies-tu de facilités à nouer des contacts, grâce à ton charme et à ton sens esthétique ? Sais-tu faire preuve d'indulgence à l'égard de ton interlocuteur afin de préserver la courtoisie de vos échanges ?

Le Scorpion ♏
Préfères-tu les échanges passionnés à la tiédeur d'une civilité de façade ? Es-tu adepte de la provocation, de la contestation et des remarques sarcastiques qui piquent ton auditoire ?

Le Sagittaire ♐
Tes paroles se gorgent-elles d'optimisme et d'enthousiasme ? Es-tu un orateur enflammé ? Tes échanges partent-ils naturellement vers de lointains horizons, vers des concepts philosophiques ?

Le Capricorne ♑
T'exprimes-tu avec parcimonie et retenue, préférant tout garder pour toi plutôt que de parler pour ne rien dire ? Gardes-tu en mémoire tes échanges (et tes possibles griefs) ?

Le Verseau ♒
Crois-tu que parler avec les autres constitue un excellent outil pour refaire le monde ? Es-tu un orateur dynamique, qui considère comme des amis les personnes de son auditoire ? Utilises-tu de nombreux moyens de communication (applications, réseaux sociaux...) ?

Les Poissons ♓
Préfères-tu t'exprimer à travers ton art ou ta poésie plutôt que par des mots ? Crois-tu que la vérité se ressent plus qu'elle ne s'explique ?

Comment décrirais-tu tes communications « horizontales », c'est-à-dire avec tes frères et sœurs, tes collègues, tes clients ou tes patients ? Est-ce que le signe de ta Maison III correspond à sa thématique ? Sinon, pourquoi estimes-tu qu'il y a un décalage ? Rends-toi dans ton astrojournal, p. 250.

LES PLANÈTES QUI SE TROUVENT DANS TA MAISON III

Les planètes situées dans ta Maison III vont accomplir leur mission dans le contexte de tes échanges horizontaux.

Ton Soleil ☉
Il rayonne pour tes qualités mentales et ta curiosité intellectuelle : ton potentiel de communication est décuplé. Sa volonté de bouger, d'être en mouvement, d'apprendre perpétuellement est forte.

Ta Lune ☽
Sa sensibilité s'unit à tes facultés de communication et imprègne tes relations avec tes proches. Tes capacités d'apprentissage sont indissociables de tes émotions, de ton imagination, de ta créativité. Ton entourage pourrait être très féminin, en tout cas en phase avec ta part de féminité.

Mercure ☿
L'astre se réjouit de sa liberté dans cette Maison dédiée aux échanges. Il est possible que la sédentarité (notamment au travail) ne soit pas ton fort, ce qui n'est pas forcément problématique puisque Mercure est ici en position parfaite pour jouer le rôle d'intermédiaire, y compris par des déplacements et des voyages. Tes relations avec tes pairs pourraient se teinter de camaraderie, d'humour, d'espièglerie.

Vénus ♀
Tes paroles et tes écrits se teintent de séduction, de charme, d'affection, de beauté. Tu pourrais plaire grâce aux mots, ou établir des correspondances avec les personnes qui reçoivent tes affinités. D'éventuels dons de diplomatie, de conciliation, de pacification des tensions sont ici favorisés.

Mars ♂
Il use de sa force sur le terrain mental et apprécie les joutes oratoires : attention aux querelles, qui surviennent vite lorsqu'on omet de tourner trois fois sa langue dans sa bouche avant de parler.

Cérès ⚳
Tu communiques avec clarté, cohérence et raison, et pourrais par exemple produire des contenus technologiques. L'astre marque ici des facilités d'apprentissage technique, mais aussi la possibilité de raisonner et d'apprendre en équipe, avec celles et ceux qu'on considère comme des égaux.

Jupiter ♃
Tes échanges se teintent volontiers d'optimisme, d'enthousiasme et de générosité ! Tu te sens peut-être légitime à guider tes pairs, à prendre la parole, à mener des activités commerciales.

Saturne ♄

Il est possible que tu ressentes un blocage dans tes échanges quotidiens, une dureté dans tes relations, de la méfiance et de la frustration de ne pas réussir à faire preuve de plus de fluidité. Saturne t'invite à comprendre qu'il n'existe aucune référence à suivre dans ce domaine : c'est à toi de réaligner tes compétences verbales (en consultant un orthophoniste, un sophrologue ou un psychologue si l'obstacle te semble provenir d'une tension de l'enfance) ou ta souplesse physique (yoga, étirements, gymnastique...), afin de gagner en aisance par et pour toi-même.

Uranus ♅

Vivacité, indépendance d'esprit et une pointe d'extravagance viennent habiter ta Maison III. Ta marginalité pourrait constituer un levier de ton rayonnement plus qu'un frein à tes échanges.

Neptune ♆

Ton intuition te sert bien plus que ta raison pour vivre tes relations proches. Si ta grande réceptivité t'aide à capter chez les autres ce qui ne se dit pas ou ne se voit pas (comme leur énergie ou leur aura), tu pourrais passer par des phases de désillusion concernant le caractère que tu as supposé chez eux. En effet, ce n'est pas parce qu'une personne dégage une certaine énergie à un instant *t* qu'elle sera constante dans l'affirmation de son intention.

Pluton ♇

Son besoin d'approfondir les apprentissages t'amène à enquêter sur les sujets qui te passionnent. Son mystère et son goût des secrets viennent imprégner tes relations : dans ton entourage proche, chacun porte une énigme que tu as hâte de découvrir.

Plusieurs planètes se trouvent dans ta Maison III...

Plusieurs astres mettent un coup de projecteur sur cet atelier pour attirer ton attention : leur présence n'est pas anodine. Elle signifie qu'un de tes enjeux astrologiques consiste à communiquer et à échanger avec ton entourage, à occuper une place d'intermédiaire, faisant passer des idées ou des objets d'une personne à une autre, les déplaçant ou te déplaçant toi-même d'un endroit à l'autre. C'est un enjeu de passage (ou de passeur) qui fait circuler les mots, les personnes, les choses, ce qui crée des interactions, de la nouveauté et du contact.

Et si ta Maison n'abrite aucune planète astrologique, rends-toi p. 121.

Si tu as des planètes dans ta Maison III, est-ce que leurs missions résonnent avec la thématique de cet atelier ? Rends-toi dans ton astrojournal, p. 251.

**Les thématiques de la Maison III te titillent ?
Voici un rituel pour améliorer la clarté de ta parole.**

Le matin, après avoir rassemblé tes esprits et t'être préparé, liste par écrit une à trois choses que tu prévois de dire dans la journée : à un proche, à un collègue... Tu peux aussi indiquer l'objet de cette parole : rassurer, amuser, affirmer ta pensée ou ta volonté... Le soir, relate l'échange en quelques phrases. S'est-il déroulé comme tu l'imaginais ?
Plus tu intégreras cet exercice à ta routine, plus tu seras en mesure de comprendre le fonctionnement de ta parole et la façon dont elle est reçue.

Si les rituels ne sont pas ta tasse de thé, tu peux aussi voir ou revoir le Facteur, *film de Massimo Troisi et Michael Radford, où un jeune facteur presque illettré se met au service exclusif de l'écrivain Pablo Neruda, fraîchement installé sur l'île. Il apprendra, au contact du poète, le pouvoir des mots et de la verbalisation.*

Maison IV

JE RESSENS

La Maison IV est consacrée à ton foyer et à ta sécurité intérieure.

Le Fond du Ciel n'est pas ainsi nommé par hasard : il correspond au point opposé à celui de ta naissance et indique la direction du lieu le plus éloigné de toi, celui qui te ferait traverser la plus grande masse terrestre s'il t'était possible de te déplacer au cœur du globe !

Astrologiquement parlant, la Maison IV correspond à tes origines, à ton hérédité, à tes parents, à la mémoire de tes ancêtres, à ton récit familial, mais aussi à l'endroit et l'environnement où tu as passé ton enfance, où tu as passivement reçu une éducation, des valeurs, des traditions, un socle et un héritage culturel. Les bases fondamentales reçues pendant ton enfance t'aident à construire ton propre foyer à l'âge adulte : ta maison natale et ton patrimoine influencent ton domicile, ta capacité à te sentir « chez toi », physiquement protégé au creux de ton nid. Ce sont les racines de ta sécurité. Sont donc concernés la stabilité ou la mouvance de ton cercle familial, les déménagements et l'aménagement de ton domicile.

Surtout, le Fond du Ciel informe quant à ton sentiment de sécurité intérieure : ta vie privée et intime est faite de ressentis et d'émotions. Ce qu'on a construit autour de toi quand tu étais enfant t'aide à définir ce que tu bâtis une fois adulte. Cette expérience, essentielle à ton développement, a pu forger ta confiance en toi, en l'avenir, ou au contraire être anxiogène, traumatique, et demeurer une source d'inquiétude à l'âge adulte.

Qu'est-ce que les Maisons angulaires ?

Il s'agit des Maisons I et VII (qui forment un axe horizontal représentant la ligne d'horizon au moment de ta naissance) et des Maisons IV et X (qui forment un axe vertical).

- *Les Maisons I et VII marquent respectivement l'Ascendant et le Descendant (moi et les autres).*
- *Les Maisons IV et X marquent respectivement le Fond du Ciel et le Milieu du Ciel (d'où je viens et où je vais).*

Ces quatre Maisons sont dites « angulaires » car elles correspondent aux quatre angles d'un thème (y compris d'un point de vue géométrique, car un cercle peut tout à fait accueillir un carré !) : quatre points de repère, en somme !

Lune et Soleil : maman et papa ?

Les astrologues traditionnels considèrent que la Lune représente la mère dans un thème natal, tandis que le Soleil représente le père. Ce serait négliger la diversité de nos structures familiales contemporaines : un père protecteur peut tout à fait être maternant, tandis qu'une mère énergique peut être un modèle d'accomplissement professionnel. La réalité des familles recomposées apporte également une richesse d'interprétation complémentaire. Une belle-mère et un beau-père peuvent tout à fait remplir le rôle de parents biologiques, tant matériellement qu'affectivement ! Pas besoin des liens du sang, donc, il s'agit d'archétypes symboliques.

LE SIGNE QUI HABITE TA MAISON IV

Le signe de ta Maison IV (Fond du Ciel) te renseigne sur tes racines et tes origines familiales.

Le Bélier ♈
Aspires-tu à initier les prises d'initiative au sein de ton foyer ? Cherches-tu à y affirmer ton individualité ? Ton chez-toi a-t-il tendance à changer au gré de tes décisions de vie ?

Le Taureau ♉
Est-ce que les traditions et les valeurs constituent le socle de ton foyer ? Ta maison de famille serait-elle l'unique lieu te permettant de te sentir en sécurité ? Valorises-tu l'achat immobilier et la constitution d'une famille comme des éléments primordiaux, des bases, de ton existence ?

Les Gémeaux ♊
Privilégierais-tu les liens de l'esprit aux liens du sang ? Te sentirais-tu chez toi là où ta famille d'esprit se trouve, quel que soit cet endroit ? En famille, préfères-tu les moments de jeux et d'échanges intellectuels à ceux chargés d'émotion ? Les déménagements te seraient-ils familiers ?

Le Cancer ♋
Est-ce que le foyer où tu as grandi était un nid protecteur à l'abri du monde ? Est-il primordial pour toi d'appartenir à une sphère familiale ? Si tu n'as pas bénéficié de la chance de grandir dans un foyer sûr, est-ce que cela te pèse encore et brouille tes repères ?

Le Lion ♌
Portes-tu la casquette de chef de famille ? As-tu la pugnacité d'une lionne défendant son clan ? Ressens-tu un fort besoin de reconnaissance pour ce que tu es et ce que tu accomplis au sein de ton foyer ?

La Vierge ♍
Ressentirais-tu le besoin de te montrer exigeant et pointilleux au sein de ton foyer, comme si ta capacité à anticiper ses failles permettait sa longévité et sa stabilité ? Considères-tu le foyer comme un système fonctionnel plus qu'un lieu d'épanchement et de lâcher-prise ?

La Balance ♎
Le foyer est-il un lieu d'équilibre et d'harmonie avant tout ? Ta maison idéale serait-elle bohème, un brin mondaine, propice à recevoir toutes sortes de gens qui apprécient de faire salon ?

Le Scorpion ♏
Ton foyer serait-il un cocon où exprimer l'intensité de tes émotions (ou, peut-être, où les autres membres du foyer ont extériorisé leurs propres passions intérieures) ? Est-ce un lieu énigmatique que tu gardes jalousement secret ?

Le Sagittaire ♐
Plutôt que de lier la notion de foyer à celle d'une maison de pierre, étends-tu l'idée de famille à quiconque partage tes expériences dans la joie et la générosité ? Sais-tu garder les portes ouvertes pour de nouveaux arrivants ? Est-ce que ton foyer se situe à l'étranger ou voyage-t-il avec toi ?

Le Capricorne ♑
Considères-tu que ton éducation s'est déroulée dans un environnement strict et froid, mais aussi structurant et source de détermination ? Souhaites-tu construire un foyer stable sur le long terme ?

Le Verseau ♒
Souhaites-tu que ton foyer soit un lieu de solidarité et de tolérance, le cocon d'un projet de vie auquel chacun apporterait sa pierre ?

Les Poissons ♓
Considères-tu ton chez-toi comme une bulle d'amour et de pure émotion ? Le foyer de ton enfance a-t-il eu une influence dont tu peines à te dépêtrer à l'âge adulte ?

Comment décrirais-tu, en quelques mots, ton enfance et la façon dont on t'a éduqué ? Dans quel genre de maison as-tu vécu, enfant ? Est-ce le genre d'endroit où tu vis actuellement ? Comment qualifierais-tu l'éducation que tu as reçue ? Est-ce le type d'éducation que tu aimerais transmettre à ton tour à tes enfants, à tes neveux et nièces, aux enfants de tes amis ? Est-ce que le signe de ta Maison IV correspond à la thématique du Fond du Ciel de ta carte ? Sinon, pourquoi estimes-tu qu'il y a un décalage ? Rends-toi dans ton astrojournal, p. 250.

LES PLANÈTES QUI SE TROUVENT DANS TA MAISON IV

Les planètes situées dans ta Maison IV vont accomplir leur mission lors de la construction de ton sentiment de sécurité intérieure.

Ton Soleil ☉
Il rayonne dans la cellule familiale et le foyer, et ambitionne de s'y réaliser. Sa volonté et sa puissance cherchent à s'exercer dans cet atelier, et même à le construire pour y trouver de la sécurité, des bases permettant de rayonner dans les autres sphères de la vie.

Ta Lune ☽
Elle s'unit au désir d'une vie familiale simple, calme et sensible. Peut-être éprouves-tu une dépendance émotionnelle vis-à-vis du foyer domestique, ton propre bien-être dépendant grandement de celui de ta cellule privée.

Mercure ☿
La jouvence de l'astre pourrait dynamiser le foyer par de nombreux déplacements, déménagements et projets. La sphère familiale est un théâtre de discussions, d'échanges, parfois même de polémiques.

Vénus ♀
Elle valorise le relationnel par affinités au sein du foyer. La capacité à mener une vie harmonieuse, à tisser des liens positifs et à se faire du bien une fois adulte dépend énormément du contexte dans lequel ton enfance s'est déroulée.

Mars ♂
Sa force est testée car elle se situe dans un atelier passif, dédié aux racines familiales et à la petite enfance, à un âge où l'on est difficilement acteur de sa propre vie… Il peut exprimer le désir de sortir de l'enfance pour se diriger vers l'accomplissement (en Maison X), la rudesse ou les disputes qui auraient marqué le foyer pendant l'enfance, ou encore une force brute et violente dans les émotions et la sensibilité.

Cérès ⚳
Ta logique peut s'exercer dans le cadre du foyer, par des activités techniques pour améliorer la maison ou la gestion de la famille.

Jupiter ♃
Ton épanouissement se fait dans la sphère familiale, où tu aimes protéger ton petit monde et recevoir avec hospitalité tes proches, toutes générations confondues, pour partager vos expériences. Ta générosité est certaine, mais ton appétence pour le confort pourrait te rendre un brin matérialiste.

Saturne ♄
Saturne te somme de renoncer pour grandir. Dans cet atelier, ta notion de sécurité intérieure est testée, comme si tu devais t'en passer pour mûrir véritablement.

C'est une exigence assez rude pour l'enfant que tu as été, et que tu demeures malgré le poids des années ! Si tu crois manquer de racines, sache que rien ne t'empêche de créer un foyer qui n'appartienne qu'à toi, intègre et authentique.

Uranus ♅

Cette planète en quête d'indépendance et d'originalité déteste les contraintes, or la vie de famille en réclame souvent ! Il se pourrait que tu sois en quête d'équilibre entre ton besoin de bases rassurantes et ta quête de liberté.

Neptune ♆

Cet astre d'osmose peut se fondre totalement avec l'environnement de ton enfance. Il se trouve influencé par la façon dont tu as traversé cette lointaine période de ta vie.

Pluton ♇

L'ambivalence plutonienne est la suivante : il cherche à comprendre la véritable nature des choses, et pour ça il n'hésite pas à brasser de la matière noire s'il le faut. Si la cellule familiale demeure énigmatique et secrète, il te pousse à aller chercher l'information, quitte à ce que cela libère les squelettes du placard !

Plusieurs planètes se trouvent dans ta Maison IV...

Plusieurs astres mettent un coup de projecteur sur cet atelier pour attirer ton attention : leur présence n'est pas anodine. Elle signifie qu'un de tes enjeux astrologiques consiste à trouver le sens du mot « foyer », à te sentir en sécurité et à faire perdurer le lien avec ton enfant intérieur, mais aussi à trouver un équilibre entre l'appel du monde extérieur, lié à la maturité de tes ambitions et à ta construction en société (Maison X), et la berceuse de l'intime, de la maison, de la mémoire, des racines familiales. Si ta Maison IV est très investie, n'hésite pas à creuser l'histoire de tes ancêtres, à réfléchir aux valeurs qu'on t'a transmises pendant l'enfance, mais aussi à ce que signifie pour toi le mot « famille ». Si tu laissais ces sujets de côté, tu pourrais ressentir un manque de fondations solides, et le besoin perpétuel qu'on te rassure.

Et si ta Maison n'abrite aucune planète astrologique, rends-toi p. 121.

Si tu as des planètes dans ta Maison IV, est-ce que leurs missions résonnent avec la thématique de cet atelier ? Rends-toi dans ton astrojournal, p. 251.

Les thématiques de la Maison IV te titillent ?
Voici un rituel pour la protection de ta maison.

Allons au plus simple ! Après avoir bien fait le ménage — les mauvaises ondes aiment se nicher dans la poussière et le désordre —, tu peux te contenter de brûler des feuilles de sauge et de laurier, et laisser la fumée se propager dans ta maison (n'oublie pas les coins de chaque pièce) afin de purifier ton chez-toi.
Tu peux aussi, après la pleine lune, déposer un fin cordon de sel à chaque ouverture de la maison (fenêtres, pas de porte...). Utilise un petit cornet en papier pour éviter de le toucher. Une semaine après, balaie le sel qui n'a pas été soufflé aux quatre vents et brûle-le : il aspire les mauvaises ondes de ton foyer, qui ainsi en sera débarrassé.

Si les rituels ne sont pas ta tasse de thé, tu peux aussi voir ou revoir le film Little Miss Sunshine, *de Valerie Faris et Jonathan Dayton, au cours duquel une famille dysfonctionnelle va renforcer ses liens d'entre-aide, d'acceptation de chacun et de soutien indéfectible aux autres.*

Maison V

J'AIME

La Maison V est consacrée à tes plaisirs et à tes créations.

Pour saisir la dynamique de la Maison V, il faut garder en tête que s'aimer conditionne sa réussite à aimer les autres. Cet atelier concerne tout ce qu'on fait par amour pur, c'est-à-dire pour la beauté du geste, pour son propre plaisir ou le plaisir de ceux qu'on aime !

* **Ton monde récréatif :** les fêtes, les jeux, le sport, les aventures amoureuses, les plaisirs, le bien-être, l'excitation des vacances, les spéculations qui t'exaltent et te procurent une montée d'adrénaline, tes animaux domestiques, ce qui te passionne sur les plans matériel, artistique, sentimental ou sexuel. La Maison V, c'est celle du kif !
* **Ton monde créatif :** les conceptions artistiques et les inspirations intellectuelles originales qui te galvanisent et t'apportent une joie incomparable. Tu choisis alors de les faire émerger de toi, en les théâtralisant ou en les mettant en forme. Il s'agit de tes œuvres, de tes projets et de tes objectifs personnels, de tes réussites et de tes gratifications.
* **Ton monde procréatif :** avoir des enfants est un projet qu'on lance souvent grâce à l'amour qu'on nourrit pour son ou sa partenaire ! Envisager de se

reproduire — et s'assurer que l'amour qu'on donnera à sa progéniture sera à la hauteur de son exigence — réclame de s'impliquer et d'avoir une bonne estime de soi... Cette aventure nécessite d'être satisfait de la vie et de ses plaisirs, de la personne que l'on est, de la personne avec qui on vit, et d'être en paix avec l'amour et l'éducation qu'on estime pouvoir donner aux enfants à venir.

Cet atelier évoque ta volonté de créer dans la joie et la lumière, d'expérimenter tes dons naturels, d'utiliser ton intarissable potentiel créatif, pour en faire jaillir des merveilles que tu pourras mettre en scène et théâtraliser.

Il y est aussi question de la façon dont ton estime de toi se forge à travers la reconnaissance de ta créativité, la manière dont tu t'affirmes, dont tu rayonnes et dont tu façonnes ta réputation générale, de la façon dont elle te rend capable d'aimer et de la durabilité affective de tes relations de couple et familiales.

Ta Maison V n'abrite aucune planète astrologique ?

Cela ne signifie pas que tu n'auras pas d'enfant ou que tu ne produiras aucune œuvre au cours de ton existence. Une Maison inhabitée n'est vide qu'en apparence... Cela signifie simplement que son activité dépend de la planète qui la maîtrise. Aussi, « créer » est un vaste programme que l'on trouve dans de nombreux endroits d'une carte : il faudra regarder la Lune, Jupiter, le Soleil ainsi que les signes et les Maisons dans lesquels ils se trouvent. Pas de panique, donc, ta Maison V semble inhabitée alors que tu rêves de publier une saga en dix tomes ou d'avoir trois enfants !

LE SIGNE QUI HABITE TA MAISON V

Le signe de ta Maison V pose son empreinte sur ce que tu aimes créer et produire.

Le Bélier ♈

Serais-tu sujet aux emballements fulgurants mais passagers, aux coups de foudre sincères mais qui ne durent pas, aux prises d'initiative relationnelles qui ne se poursuivent pas forcément ?

➡ Favorise les passe-temps réclamant des performances sportives (notamment en course et en sport de combat) ou entrepreneuriales (via un hobby permettant, à terme, la création de ta propre marque, par exemple).

Le Taureau ♉

Préfères-tu les amours constantes et fidèles, quitte à faire preuve de jalousie et de possessivité ? Ta sensualité s'exprime-t-elle naturellement ?

➡ Favorise les passe-temps liés aux plaisirs de la bouche (comme la cuisine et la gastronomie), de la nature (comme l'art floral) ou de la sensualité (comme la danse).

Les Gémeaux ♊

Si tu crains l'emprise des sentiments que tu trouves envahissants, serais-tu à l'aise avec les jeux de séduction qui incluent l'humour, la ruse et la légèreté ?

➡ Favorise les passe-temps liés à l'écriture (d'un blog, d'un roman, d'articles…) ou à la création de jeux de société.

Le Cancer ♋

Te sens-tu rassuré lorsque tu peux exprimer tes sentiments dans un cadre sécurisé et intimiste ?

➡ Favorise les passe-temps liés à l'imagination (comme le dessin ou la transmission de contes), à la cuisine familiale (recettes pour enfants), au jeune public (avec des œuvres destinées aux enfants).

Le Lion ♌

Appréhendes-tu tes histoires d'amour dans la joie, la flamboyance, le panache ? Apprécies-tu de séduire et d'épater pour obtenir l'admiration des êtres désirés ?

➡ Favorise les passe-temps liés à la mise en scène, comme le théâtre ou le cinéma.

La Vierge ♍

Aux petits soins pour les personnes que tu aimes, ne serais-tu pas néanmoins très critique envers elles ? Éprouves-tu des difficultés à leur exprimer ton amour ?

➡ Favorise les passe-temps liés aux plantes (herboristerie, fabrication de tes propres produits d'entretien) et à la santé (yoga, pilates…).

La Balance ♎

Tes amours sont-elles nombreuses mais harmonieuses ?

➡ Favorise les passe-temps liés à la beauté (*make-up art*), aux arts (peinture, danse, musique…) et aux interactions (réseaux sociaux).

Le Scorpion ♏

Fonctionnes-tu au coup de cœur ? As-tu tendance à t'investir totalement lorsque tu te sens vibrer ?

➡ Favorise les passe-temps liés à la psychologie, à l'étrange (ésotérisme, esthétique gothique, podcasts ou séries sur les affaires criminelles…) ou tout simplement à la création, selon tes affinités.

Le Sagittaire ♐
Multiplies-tu les amours ? Ton besoin d'indépendance et ta peur d'étouffer cohabitent-ils avec ta recherche d'intensité ?

➡ Favorise les passe-temps liés au voyage (photographie, blog touristique…) ou à la philosophie (rédaction d'un blog sur le sujet qui te passionne).

Le Capricorne ♑
Faisant preuve de prudence, te réserves-tu pour les personnes en qui tu as une véritable confiance, construite et solidifiée par le temps ?

➡ Favorise les passe-temps liés à la politique (en t'investissant dans un groupe de militants) ou au civisme (au sein d'une association de quartier).

Le Verseau ♒
As-tu tendance à intellectualiser tes sentiments ? Es-tu sensible à des revirements brusques de tes attachements ?

➡ Favorise les passe-temps liés à l'associatif (en devenant bénévole pour une cause qui te tient à cœur), aux inventions (bricolage, recherche de solutions innovantes, y compris dans le domaine informatique) ou à tes centres d'intérêt, sûrement pointus !

Les Poissons ♓
Romantique et dévoué, te laisserais-tu porter par tes amours plus que l'inverse ?

➡ Favorise les passe-temps liés à la méditation (en te prêtant à des exercices de façon régulière) et à la musique (source de guérison pour l'âme).

Comment envisages-tu ton pouvoir de création ? Comment décrirais-tu ton rapport à tes hobbys ? Envisages-tu d'avoir des enfants et, si oui, quel est ton rapport à la procréation ? Souhaites-tu procréer ou adopter ? Que voudrais-tu transmettre à tes enfants ? Est-ce que le signe de ta Maison V correspond à la thématique de cet atelier ? ***Rends-toi dans ton astrojournal, p. 250.***

LES PLANÈTES QUI SE TROUVENT DANS TA MAISON V

Les planètes situées dans ta Maison V vont accomplir leur mission dans l'atelier de tout ce que tu réalises par plaisir !

Ton Soleil ☉

Il rayonne pour tes œuvres et tes amours ! Le besoin de créer se ressent fortement, ainsi que celui de recevoir de l'amour autant que tu en donnes. Ton magnétisme naturel inspire les autres et suscite leur admiration : enseigner aux enfants est tout à fait indiqué, dans le sens où, par la transmission de tes savoirs, tu leur ferais don de ce qui te passionne et te permet de grandir en tant qu'individu.

➡ Le Soleil représentant l'ego, tu pourrais être assez centré sur toi-même, alors rappelle-toi qu'un Soleil bien maîtrisé illumine aussi les autres par la vigueur de son éclat ! Il s'agit de leur prêter une attention authentique afin de ne pas sombrer dans le narcissisme et la prétention.

Ta Lune ☽

Son imagination et son émotivité s'unissent au désir de créer, de réaliser, d'aimer ! Cela stimule ta créativité, tes atouts séduction, ton envie de romanesque, ton goût des loisirs et des amusements. Comme ton autre Luminaire, la Lune en Maison V est tout à fait à l'aise avec les enfants.

➡ Comme elle dope ton émotivité, elle peut aussi se révéler excessive dans l'intensité : si tu peines à trouver l'harmonie intérieure, mets tes émotions à l'œuvre dans un cadre artistique ou théâtral afin d'éviter à ton entourage de subir trop souvent les montagnes russes de ta sensibilité.

Mercure ☿

Cette planète très mentale et cérébrale occupe l'atelier des passions : elle établit un pont entre l'esprit et le cœur. La Maison de tes amours bénéficie de sa curiosité, de sa soif de découverte, de ses plaisanteries, de son goût des jeux (de mots, de société…), de sa façon ludique d'appréhender le monde extérieur.

➡ Gare néanmoins à ne pas prendre tes relations trop à la légère, car badiner avec l'amour pourrait te jouer des tours ! Tes conquêtes, qu'elles soient amoureuses ou amicales, ne sont pas des pions : les véritables rencontres ne sont pas aussi faciles à balayer que des châteaux de cartes. Mets plutôt ta légèreté et ta curiosité au profit de tes créations littéraires et artistiques, par exemple !

Vénus ♀

Cet astre cherchant à créer du lien, cet atelier lui semble tout indiqué. Tu appréhendes sûrement tes histoires d'amour avec sentimentalité et en multipliant les attentions pour l'autre.

➡ Vénus cherche à se connecter au monde par l'affect : elle peut donc éprouver une forme de dépendance vis-à-vis des autres, dont elle attend qu'ils lui procurent un sentiment de paix, d'harmonie et de sérénité. Si c'est une difficulté que tu éprouves, concentre-toi sur les activités qui te gratifient aussi d'un sentiment de complétude : tu n'as pas à dépendre de tes histoires d'amour pour te sentir bien et libre.

Mars ♂

Il use de sa force et de sa spontanéité pour jouer et aimer ! Le sport peut être à l'honneur, ainsi que la compétition, la course et l'activité sexuelle.

➡ Cependant, la planète porte en elle une part d'agressivité : attention à ne pas la diriger contre les personnes que tu aimes, cela pourrait provoquer plus de ruptures et de séparations que tu ne le souhaiterais.

Cérès ⚳

L'astre de la compétence se met au service de ce (et ceux) qu'elle aime : les actes comptent bien plus que les déclarations d'intention ! Comme le Soleil, la Lune, Mercure et Jupiter dans cet atelier, elle pourrait se trouver à l'aise avec les enfants : après avoir suscité leur admiration, leur attachement et leur intérêt, cette planète propose de faire émerger en eux la reconnaissance, car il est possible que tu prennes leur éducation et leur bien-être très au sérieux.

➡ Tu aurais sûrement tout à gagner à polir légèrement ton attitude : si les actions pèsent plus que les mots, manifester ton affection de temps à autre pourrait adoucir bien des non-dits.

Jupiter ♃

La planète de l'expansion se réjouit d'œuvrer dans le secteur de l'amour et de la création. Son dynamique besoin de reconnaissance sociale souhaite que tu t'épanouisses ! Son éloquence, son charisme, son énergie se mettent au service de tes œuvres. Tu souhaites inculquer des valeurs aux enfants et agir comme un guide pour eux (c'est encore une bonne position pour l'enseignement !). L'astre évoque aussi notre aptitude à croire en notre bonne étoile : ici, il pourrait bien avoir la folie des grandeurs.

➡ Dans son désir illimité de croissance, Jupiter pourrait se lancer dans plus d'histoires d'amour ou de projets que tu n'es capable de gérer à la fois, ou dilapider ta fortune par son appétit pour les jeux de hasard, par exemple… Il s'agit d'utiliser sa force d'attraction sans en subir les excès.

Saturne ♄

Sa gravité se ressent dans la Maison des amours et de la création, et stoppe l'élan porteur dans ce domaine. Porterais-tu en toi la tragique impression de ne jamais en faire assez pour ceux et celles que tu aimes ? De te protéger au point d'être sur la défensive ? Éprouves-tu de la frustration quant à tes projets artistiques ? Dévalorises-tu tes créations au lieu de ressentir une légitime fierté ?

- Si Saturne bloque ta route, c'est pour que tu apprennes à le dépasser. Ton opinion de toi-même est relative : on est toujours plus dur et moins bienveillant avec soi qu'avec les autres. L'estime de soi se travaille, et on peut être son propre allié sans être prétentieux… L'amour et la reconnaissance d'autrui ne surviennent que lorsqu'on s'en accorde (au moins un peu !) à soi-même. Si tu t'autodénigres en permanence, cela te maintient dans une position finalement très autocentrée. En redirigeant ton attention vers le plaisir que tu peux ressentir en créant plutôt que sur le regard extérieur qui sera porté sur tes œuvres, tu pourrais dépasser cet obstacle tout en parvenant à tes objectifs.

Uranus ♅

L'astre de l'indépendance t'invite à libérer l'expression de toi-même, quitte à ce que ton inspiration soit irrégulière, te submergeant de façon aussi fulgurante qu'elle te quitte. Uranus peut aussi marquer les coups de foudre, ces élans qui surgissent et s'évanouissent avec pertes et fracas !

- Les passions amoureuses ne menacent pas forcément ton indépendance : il est possible de préserver ta liberté sans t'épuiser. Casse les codes pour créer et aimer avec anticonformisme, cela t'évitera de te fatiguer par des ruptures répétées, grandes consommatrices d'énergie.

Neptune ♆

L'astre brouille les pistes car, en cherchant l'amour universel, il ne fait pas toujours la différence entre se dévouer à tout un chacun et se dédier à une histoire d'amour qui comblera l'individu. Déconnecté des réalités, prompt à tout pardonner et à tout accepter, il peut se fourvoyer dans sa quête d'absolu…

- Souviens-toi qu'il y a une différence entre « aimer tout le monde » et « aimer n'importe qui »… La grâce miraculeuse que l'on ressent à l'état amoureux nécessite un minimum de sélection, l'élection d'une âme singulière à même de répondre à tes envies spécifiques.

Pluton ♇

L'astre utilise le sentiment d'insatisfaction et de révolte pour détruire ce qui est périmé. Il est possible que tu utilises ta colère, tes dégoûts, tes peurs ou ta conscience de ce que tu ne veux plus pour te guider dans tes créations, voire dans ton désir d'enfant. Pour des yeux extérieurs, c'est une drôle de façon d'appréhender les processus joyeux de l'amour et de l'expression de soi-même ! Pourtant, la planète agit comme un levier libérateur, qui te permet d'accéder à ta force créatrice et à ta résilience.

- Pluton portant en lui l'autodestruction et ta part de noirceur, souviens-toi de la différence entre faire table rase du passé pour repartir sur de bonnes bases et se saborder pour le simple plaisir de détruire.

Plusieurs planètes se trouvent dans ta Maison V...

Plusieurs astres mettent un coup de projecteur sur cet atelier pour attirer ton attention : leur présence n'est pas anodine. Elle signifie qu'un de tes enjeux astrologiques réside dans ton épanouissement créatif, dans la voie de l'amour et de la passion : aimer ce que tu fais et faire ce que tu aimes sont absolument essentiels. Tes passions (production artistique, envie de faire des enfants...) prennent une place importante dans ta vie. La joie et l'amusement sont tes ressources : estime-les à leur juste valeur.

Si tu as des planètes dans ta Maison V, est-ce que leurs missions résonnent avec la thématique de cet atelier ? Rends-toi dans ton astrojournal, p. 251.

Les thématiques de la Maison V te titillent ?
Voici un rituel pour rééquilibrer tes passions amoureuses.

On l'a lu, écrit, chanté, applaudi : l'amour est une force suprême et mystérieuse, qui nous porte autant qu'elle peut parfois nous peser. Si tu ressens un décalage entre la beauté des sentiments que tu nourris pour quelqu'un et l'état obsessionnel qui t'emprisonne, ou si tu ressens de la difficulté à mener une sexualité épanouie et non envahissante, qui ne nuit pas à ta créativité, voici un rituel qui pourrait t'aider.

Procure-toi une pierre de grenat almandin : sa propriété est d'activer les glandes surrénales (qui synthétisent et relâchent dans tes veines des hormones telles que l'adrénaline et le cortisol) sans surexciter l'organisme. Assieds-toi et relaxe-toi, tout en tenant la pierre dans ta main. Pense à la personne qui suscite tant d'émotions contradictoires en toi, puis concentre-toi sur ce flux de sentiments et de sensations : localise dans quelle partie de ton corps cela se manifeste, sous quelle forme (tiraillements, contractions musculaires, rapidité du flux sanguin, accélération des battements du cœur…) et apprivoise ces sensations. Essaie ensuite de penser à l'état de paix ou d'alignement que tu aimerais atteindre au quotidien. Est-ce que tes sentiments et ton aspiration à la sérénité sont alignés ? Plus tu accompliras ce rituel, plus tu réussiras à les faire coïncider. Courage !

Il n'est pas nécessaire de laver le grenat entre deux exercices, cela le déchargerait.

Si les rituels ne sont pas ta tasse de thé, tu peux voir ou revoir le film Shakespeare in Love, *de John Madden, qui imagine le grand poète en proie à la passion amoureuse qui nourrira le processus créatif de sa célèbre pièce* Roméo et Juliette.

Maison VI

JE SERS

La Maison VI est l'atelier consacré aux services, aux corvées et à la santé.

La Maison VI se dédie à la mission portée par ton potentiel, tes talents et tes qualités. De la Maison I à la Maison V, tu as accumulé des potentiels, des qualités, du mental et de l'imagination. Il s'agit désormais de découvrir à qui ou à quel dessein tes œuvres seraient profitables. Il s'agit aussi de faire l'expérience de la limite de l'expansion individuelle : pour se rendre utile, il faut savoir se contraindre (par des horaires, par de l'organisation, par l'apprentissage du travail à plusieurs, par la réalisation de tâches un peu ingrates mais pourtant indispensables, par le désir d'accomplir son devoir jusqu'au bout…). La Maison VI concerne donc les points suivants…

* **Le cadre dans lequel tu peux t'employer à être utile :** est-ce auprès de membres de ta famille ayant besoin de soins ? Auprès d'une association sportive où tu serais bénévole ? Auprès d'adolescents en quête de prévention sexuelle ? En concoctant de bons petits plats pour des personnes dans le besoin ? Cet atelier considère le travail sous l'angle de l'utilité sociale : de quoi, chez toi, ton entourage pourrait-il se servir ?

- **Ton rythme cérébral :** nous n'éprouvons pas les mêmes besoins en termes d'organisation, de dépense d'énergie, de créneaux de méditation. Te faut-il un emploi du temps au cordeau ou plutôt un certain flou artistique qui te laisse plus d'amplitude ? Ton esprit analyse-t-il tout méticuleusement ou a-t-il tendance à dériver ? Est-ce que tu surcharges ton agenda ou est-ce que tu te laisses porter ? Cela donne indirectement des informations sur ta santé : selon ton rythme et ton activité, tu peux développer des troubles physiques (excès d'alcool ou de gras, allergies...).
- **Ton hygiène de vie,** qu'elle soit alimentaire, sportive ou en rapport avec une maladie chronique : ton corps se met au service de ton esprit et de ta vitalité, alors comment l'assister au mieux dans cette entreprise d'incarnation ? La Maison VI t'informe des carburants nécessaires au maintien de ton énergie, et de ta façon de considérer les repas et de t'alimenter au quotidien.
- **Tes contraintes et tes corvées quotidiennes :** le service comporte une part d'ingratitude, puisqu'il se fait au détriment de notre seule volonté. Il faut bien ranger sa chambre pour avoir de l'espace pour le jeu suivant... La Maison VI concerne ce qu'on estime être notre raisonnable devoir, même si cela doit nous embêter un peu.
- **Ton sens du service et des servitudes :** non seulement les qualités que tu mets au service d'autrui, mais aussi ce que tu peux rechercher chez tes collègues ou tes subalternes comme qualités, compétences et sens du devoir.

✶

LE SIGNE QUI HABITE TA MAISON VI

Le signe de ta Maison VI t'informe quant à l'objet de ton travail, te renseigne sur ta façon de t'organiser au quotidien, notamment au travail, et sur la façon d'entretenir ta santé mentale et physique par le biais de ton hygiène de vie.

Le Bélier ♈

Connais-tu ce besoin permanent de commencer de nouvelles tâches avant d'avoir terminé les précédentes ? As-tu la sensation de frôler l'hyperactivité ? As-tu tendance à manger sans savourer et à sauter des repas ?

➡ Par ailleurs, le Bélier concerne le crâne et le visage : prête-leur une attention particulière.

Le Taureau ♉

Fais-tu preuve de constance et d'entêtement dans tes tâches quotidiennes ? Accordes-tu une importance particulière aux repas, qui structurent ta journée ?

➡ Par ailleurs, le Taureau concerne la bouche et la gorge : prête-leur une attention particulière.

Les Gémeaux ♊

As-tu besoin de multiplier les activités et de ne surtout pas suivre de routines ? Préfères-tu les repas légers, faciles à prendre sur le pouce ?

➡ Par ailleurs, les Gémeaux concernent les mains et les poumons : prête-leur une attention particulière.

Le Cancer ♋

Ton emploi du temps se décide-t-il en fonction de tes obligations au foyer ? Les repas réconfortants et pris en famille sont-ils une institution pour toi ? Est-ce que ton appétit évolue au gré de tes émotions ?

➡ Par ailleurs, le Cancer concerne l'estomac, l'utérus, l'abdomen : prête-leur une attention particulière.

Le Lion ♌

Entreprends-tu tes activités quotidiennes avec fougue et l'envie de maîtriser tes contraintes ? Est-ce que ton appétit varie selon tes réussites et tes victoires ?

➡ Par ailleurs, le Lion concerne le cerveau et le cœur : prête-leur une attention particulière.

La Vierge ♍

Fais-tu preuve de méthode et d'anticipation pour prévoir et organiser ton quotidien au maximum ? Cherches-tu à avoir le contrôle de ton alimentation (quantité, qualité des produits... ?)

➡ Par ailleurs, la Vierge concerne les intestins et la digestion : prête-leur une attention particulière.

La Balance ♎

L'organisation de ton quotidien dépend-elle des autres, de tes rencontres, de ta vie sociale et professionnelle ? Tes repas s'adaptent-ils volontiers à ceux avec qui tu partages ta table ? Est-ce que tu as tendance à sauter les repas que tu dois prendre seul, car manger n'est pas une priorité mais un prétexte à une rencontre, un moment de discussion et de sociabilité ?

➡ Par ailleurs, la Balance concerne les reins, la vessie et toutes les notions d'équilibre (hormonal, du pH de certaines zones de ton corps...) : prête-leur une attention particulière.

Le Scorpion ♏

Cherches-tu à animer ton quotidien en lui influant de l'émotion, et peut-être une pointe de drame ? Privilégies-tu la nourriture surprenante, inhabituelle ou relevée ?

➡ Par ailleurs, le Scorpion concerne le sacrum, le rectum et les parties génitales : prête-leur une attention particulière.

Le Sagittaire ♐

Ton quotidien s'éloigne-t-il au maximum de la routine et des habitudes ? Privilégies-tu la gourmandise à la nutrition, parfois rébarbative ?

➡ Par ailleurs, le Sagittaire concerne le foie, les cuisses et les jambes : prête-leur une attention particulière.

Le Capricorne ♑

Abordes-tu le quotidien sans affect, avec tranquillité et autodiscipline ? Considères-tu la nourriture comme un carburant plus qu'une source de plaisir ?

➡ Par ailleurs, le Capricorne concerne les dents, les os et les genoux : prête-leur une attention particulière.

Le Verseau ♒

Abordes-tu le quotidien avec créativité et en multipliant les projets ? Appréhendes-tu les repas comme une organisation qui découle de ton mode de vie (régime végétarien par écologie ou par éthique, repas rapidement ingurgités si tu es sollicité par ton travail...).

➡ Par ailleurs, le Verseau concerne la circulation du sang : prête-lui une attention particulière.

Les Poissons ♓

Ton quotidien dépend-il de tes états d'âme ? Te sens-tu obligé de manger uniquement pour survivre dans ton enveloppe corporelle ?

➡ Par ailleurs, les Poissons concernent les pieds : prête-leur une attention particulière.

Comment décrirais-tu ton hygiène de vie : crois-tu prendre suffisamment soin de toi ? Apprécies-tu de te rendre utile aux autres, même si tu dois pour cela leur consacrer ton temps et ton énergie ? Est-ce que le signe de ta Maison VI correspond à la thématique de cet atelier ? ***Rends-toi dans ton astrojournal, p. 250.***

LES PLANÈTES QUI SE TROUVENT DANS TA MAISON VI

Les planètes situées dans ta Maison VI vont accomplir leur mission dans le cadre de ton utilité sociale.

Ton Soleil ☉

Il illumine le secteur de l'utilité sociale, du labeur, du devoir accompli. Il est minutieux et perfectionniste, ses nombreux efforts sont motivés par l'expression de la gratitude d'autrui, et par la certitude intérieure du travail bien fait.

➡ Si tu éprouves de l'orgueil (sûrement légitime) à l'idée d'effectuer une profession utile, n'oublie pas que ton ego n'est pas la raison initiale de ce choix : il s'agit de se mettre au service de ceux qui pourraient en bénéficier.

Ta Lune ☽

Les émotions fusionnent avec le sentiment d'utilité : cette position favorise l'anxiété, puisque ta sécurité intérieure dépend de la façon dont tu appréhendes la qualité de tes services rendus aux autres.

➡ N'hésite pas à multiplier les rituels rassurants dans ton quotidien : fais-toi ton thé favori avant de commencer à travailler, rends-toi à ce cours de sport que tu attends avec impatience toutes les semaines, prends des notes sur ton carnet préféré...

Mercure ☿

Le mental s'exerce dans les activités quotidiennes. Préférant les exercices intellectuels aux manuels, il peut favoriser les rôles d'assistant ou de conseiller, au sein d'une association ou d'un cabinet professionnel.

➡ La nervosité pourrait être ton pire ennemi : ménage-toi quelques minutes de respiration ventrale plusieurs fois par jour, elles sont plus importantes que des pauses-café.

Vénus ♀

Difficile de dissocier l'affect et le sens du devoir : tu ressens sûrement un besoin très fort d'aimer ce que tu fais, au risque que ton efficacité en pâtisse sévèrement si ce n'est pas le cas. L'astre exerce son sens de l'agréable dans l'activité quotidienne : un cadre plaisant lui facilitera toujours la tâche !

➡ Ne néglige pas la décoration de ton lieu de ton travail, ainsi que tout ce qui pourrait le rendre plus confortable. Tu travailleras toujours mieux ainsi.

Mars ♂

Il use de sa force pour se mettre au service des autres (notamment dans le cadre professionnel) avec entrain et allant, afin de se sentir utile ! Pourtant, son agressivité pourrait te jouer des tours, notamment dans tes relations avec tes collègues.

- ➡ Si ton lieu de travail est aussi un lieu de conflit, l'idéal serait de rediriger cette énergie de colère et de combativité vers des actions dont toute ton équipe pourrait bénéficier — en faisant front commun pour réclamer quelque chose dont vous pourriez bénéficier ensemble, par exemple — ou, selon l'activité, d'utiliser cette agressivité pour dynamiser tes résultats.

Cérès ⚳

Ta logique et ta raison s'expriment dans l'atelier du service : il te faut agir concrètement pour te sentir utile ! Si ta profession n'est pas en lien avec le service, pense à t'engager auprès d'une association de distribution de repas, de collecte de nourriture ou de médicaments...

- ➡ Si tu as tendance à t'oublier au travail, essaie de te ménager un moment par semaine dédié à ton seul plaisir : séance de cinéma, soin en salon esthétique, sieste, repas dans ton restaurant préféré...

Jupiter ♃

L'astre de l'épanouissement s'exprime ici dans un domaine plus restrictif, réclamant une forme de sacrifice de soi. Il s'investit de manière plus sage et pragmatique qu'à l'accoutumée, mais pourrait bien t'embarquer dans une fringale inassouvie de travail !

- ➡ Si tu éprouves de l'addiction au travail, essaie d'opter pour un rythme discipliné qui intégrera des moments de pause, de calme, des séances de sport et des repas équilibrés pris à heures fixes.

Saturne ♄

L'astre de la rigueur freine ton bien-être au travail : il t'amène à te montrer très appliqué, très exigeant envers toi-même par peur de ne pas être suffisamment capable, de commettre des erreurs et d'échouer.

- ➡ Si tu éprouves de la frustration quant à ton sentiment d'utilité, rappelle-toi que personne d'autre que toi n'est en mesure d'apprécier la véritable valeur des efforts que tu fournis. Si tu doutes autant, c'est que tu es certainement plus à même de réussir que tu ne le crois... précisément parce que tu ne te laisses pas facilement tirer vers le bas !

Uranus ♅

Il est possible que ton expérience de l'utilité sociale soit marquée par des activités atypiques, des horaires irréguliers ou décalés.

- ➡ Si tu ne parviens pas à trouver un poste suffisamment flexible, songe à te mettre à ton compte : ainsi, tu n'auras pas à t'adapter à une organisation étouffante pour toi.

Neptune ♆

L'astre se met au service de tous par des actions liées à la vie quotidienne. Peut-être travailles-tu pour une organisation distribuant pensions, allocations, subventions pour les plus démunis ? Peut-être as-tu des velléités de thérapeute, notamment en médecine alternative ? En revanche, il n'est à l'aise ni avec la discipline ni avec la méthode : c'est le flou artistique !

➡ Si tu éprouves des difficultés à t'organiser, entoure-toi de personnes capables de gérer les aspects logistiques de ton activité.

Pluton ♇

L'astre détruit les mauvaises habitudes : il est possible que ton rythme quotidien, tes corvées, tes missions, tes routines subissent de nombreuses métamorphoses au fil des ans, selon ta propension à te réinventer, mais également à trouver insupportables les mécaniques que tu avais instaurées à une autre période de ta vie.

➡ Reste à l'écoute de ton intuition pour ne pas perpétuer les habitudes périmées, qui te tirent vers le bas.

Plusieurs planètes se trouvent dans ta Maison VI…

Plusieurs astres mettent un coup de projecteur sur cet atelier pour attirer ton attention : leur présence n'est pas anodine. Elle signifie qu'un de tes enjeux astrologiques consiste à trouver le sens de ton utilité sociale et à t'organiser afin que les contraintes du quotidien te pèsent moins qu'elles ne te servent. Bien s'organiser, c'est aussi un levier pour se dynamiser et tirer le meilleur parti de soi. Une approche holistique est recommandée : ton alimentation, ton sommeil, tes exercices physiques, ton travail, ton rythme général forment un tout qui aboutit à ton état de santé mentale comme physique. Il s'agit de considérer chacune de ces composantes, sans oublier qu'elles sont liées les unes aux autres.

Et si ta Maison n'abrite aucune planète astrologique, rends-toi p. 121.

Si tu as des planètes dans ta Maison VI, est-ce que leurs missions résonnent avec la thématique de cet atelier ? Rends-toi dans ton astrojournal, p. 251.

Les thématiques de la Maison VI te titillent ?
Voici un rituel pour t'aider à te détendre.

Fais-toi couler un bain et verses-y de l'huile essentielle de marjolaine, d'ylang-ylang ou de lavande, des plantes réputées pour la relaxation et la purification du corps. Et le tour est joué !

Vraiment, les bains ne sont pas ta tasse de thé ? Tu peux aussi voir ou revoir le film Joy, de David O. Russell, où Jennifer Lawrence campe le rôle de la véritable Joy Mangano. Mère célibataire de deux enfants, considérée par son entourage comme la dernière roue du carrosse, elle est traversée par l'idée lumineuse du balai à essorage automatique, qui la rendra riche et célèbre.

Maison VII

NOUS SOMMES

La Maison VII est l'atelier consacré à tes associations et tes collaborations.

La Maison VII commence à la ligne du Descendant, qui se trouve en face de ton Ascendant : elle marque le début de la seconde moitié de ta carte, qui sera davantage tournée sur ta place au sein de la société. Ton signe d'Ascendant marquait ton tempérament et tes humeurs : le Descendant te renseigne sur ce que tu cherches chez l'autre, celui ou celle qui possède un tempérament différent du tien. Cet atelier se dédie aux partenariats que tu vas nouer avec les personnes différentes de toi, dans le cadre d'un couple amoureux, d'un couple amical ou d'un binôme d'associés (ne parle-t-on pas de partenaire professionnel ?).

C'est la Maison des unions, des associations, des mariages et des contrats, et de tout ce qui peut t'amener à te lier et à collaborer avec un autre individu.

Certes, ta carte est composée de toutes les énergies zodiacales, mais certaines restent relativement latentes tandis que d'autres sont stimulées et mises sous les projecteurs. La Maison VII t'invite à partir à la recherche de personnes qui pourront complémenter tes manques. Il s'agit d'être attentif et ouvert, de reconnaître tes carences et de composer avec elles en t'associant et en t'alliant en toute confiance avec celles et ceux qui font preuve de ce qui est moins évident pour toi. Si des aspects inconfortables sont en jeu (voir p. 205) dans cet atelier de ta carte, ils peuvent au contraire mettre en exergue les ennemis déclarés. Au sein de ta famille, de ton entourage, de tes collègues, de tes anciens amis ou de tes partenaires amoureux, se trouvent peut-être des individus avec qui tu mènes une guerre verbale ouverte, avec qui tu es en lutte pour la garde d'un enfant, en procès à la suite d'une association professionnelle qui aurait mal tourné...

Ton Soleil se trouve dans ta Maison VII ?

Cela signifie sûrement que, pour être en accord avec ton idéal, il te faudra aller vers les autres : te trouver passe sûrement par ta sociabilité, ta capacité à échanger, à négocier, à concilier les intérêts de chacun, ou encore par ton besoin de trouver un ou une partenaire avec qui traverser la vie en duo de choc.

Recherches-tu des gens qui te ressemblent ou des gens qui te complètent ? Il arrive que les reproches que l'on formule à l'égard de notre entourage indiquent justement un défaut ou un manquement que l'on traque volontiers en soi. Si on dépasse cette croyance limitante que certains traits de caractère sont fondamentalement mauvais et si on croit qu'il s'agit surtout de les polir et de les utiliser à bon escient, on trouve sûrement, à l'autre bout du fil, l'archétype du signe de son Descendant ! Il arrive fréquemment qu'on éprouve une forte attirance pour les qualités de son Descendant et une aversion tout aussi prononcée pour ses défauts.

✶

LE SIGNE QUI HABITE TA MAISON VII

Le signe de ta Maison VII (Descendant) imprègne tes associations et les couples que tu formes avec d'autres.

Le Bélier ♈
Es-tu attiré par les personnalités dynamiques, volontaires, voire dirigistes ?

Le Taureau ♉
Es-tu attiré par les personnalités stables et fidèles ?

Les Gémeaux ♊
Es-tu attiré par les personnalités ingénieuses, drôles et inventives ?

Le Cancer ♋
Es-tu attiré par les personnalités loyales, capables de douceur et de tendresse, mais aussi d'une pointe d'autorité ?

Le Lion ♌
Es-tu attiré par les personnes pugnaces et compétitrices, faisant preuve de caractère ?

La Vierge ♍
Es-tu attiré par les personnes intègres, exigeantes et disponibles, prêtes à rendre service ?

La Balance ♎
Es-tu attiré par les personnes attentionnées qui savent s'adapter à tes besoins ?

Le Scorpion ♏
Es-tu attiré par les personnes magnétiques et ténébreuses ?

Le Sagittaire ♐
Es-tu attiré par les personnes qui savent se passionner tout en préservant leur liberté ?

Le Capricorne ♑
Es-tu attiré par les personnes responsables avec qui se projeter sur le long terme ?

Le Verseau ♒
Es-tu attiré par les personnes anticonformistes à l'esprit libre ?

Les Poissons ♓
Es-tu attiré par les personnes sensibles, dévouées et faisant preuve de compassion ?

Pour quels tempéraments éprouves-tu une attirance ? Est-ce que le signe de ta Maison VII correspond à la thématique de cet atelier ? ***Rends-toi dans ton astrojournal, p. 251.***

LES PLANÈTES QUI SE TROUVENT DANS TA MAISON VII

Les planètes situées dans ta Maison VII vont accomplir leur mission dans le contexte de ta relation à l'autre.

Ton Soleil ☉

Pour te trouver toi-même, il faut te diriger vers l'autre. Ton Soleil se réjouit à la perspective de mener une vie en s'associant ou en s'unissant à un ou une partenaire : une entreprise menée en solitaire a sûrement moins d'attrait pour toi que si tu la conduis avec quelqu'un. Pour te sentir complet, il faudra te rendre disponible pour des projets (de couple, de création d'entreprise avec un ou une associée...) et leur consacrer toute ton énergie.

➡ Dirige-toi vers des partenaires à la hauteur de la volonté solaire et de tes grandes ambitions relationnelles.

Ta Lune ☽

Pour te sentir en sécurité, tu éprouves certainement le besoin d'échanger avec autrui et celui d'une relation amicale ou amoureuse stable comme lieu d'exercice de ton émotivité.

➡ Dirige-toi vers des partenaires capables d'être attentifs aux subtils émois lunaires.

Mercure ☿

Le cérébral est privilégié dans l'atelier des associations et des collaborations : l'usage du dialogue compensera le manque d'investissement émotionnel et affectif, qui pourrait être perçu comme de la froideur ou de la cruauté.

➡ Recherche des partenaires prêts à favoriser les échanges intellectuels en faisant de la parole un moteur de vos relations.

Vénus ♀

Sa position est renforcée, l'affectif prenant une place importante dans un domaine analogue. L'astre cherche un parfait accord entre tes valeurs et les relations que tu noues.

➡ Recherche des partenaires qui parviennent à te séduire, tant par leurs valeurs que par leur apparence : il n'y a rien de mal à accorder de l'importance au style affiché par ton partenaire, à condition que ce ne soit pas la seule raison de ton intérêt pour lui, bien sûr !

Mars ♂

Il se bat pour contracter des partenariats. Son activité va entièrement dépendre du signe qui colore la Maison. Le relationnel sera en tout cas un atelier dynamique, qui s'exprimera peut-être dans les rapports de force.

- Recherche des partenaires énergiques et passionnés, qui ne craignent pas les confrontations.

Cérès ⚳

L'astre estime les relations raisonnables, ce qui pourrait te faire passer pour utilitariste. Il s'agit pourtant d'utiliser son bon sens pour contracter des partenariats fiables.

- Recherche des partenaires avec qui il te semble logique et judicieux de t'associer.

Jupiter ♃

Sa quête de légitimité s'exprime dans le domaine des partenariats, qui sont censés te faire grandir et prospérer.

- Recherche des partenaires enthousiastes à l'idée de nourrir votre relation.

Saturne ♄

Il se méfie des concessions, pourtant inévitables à tout partenariat. L'astre réclame de la solidité dans les unions, et le passage du temps avant d'accorder librement sa confiance. Tu pourrais aussi éprouver de l'attirance pour des personnalités sérieuses et matures, avec qui t'allier sur le tard.

- Il s'agit de dépasser ta peur de l'ouverture à l'autre : définis ce qui te rassure et nomme les preuves d'engagement dont tu as besoin, en toute honnêteté. C'est ainsi que tu trouveras des partenaires à la hauteur de la tâche.

Uranus ♅

L'atelier des partenariats est marqué par l'originalité, la curiosité et l'inattendu : peut-être cherches-tu une configuration de couple atypique ou avant-gardiste… L'astre va à l'encontre des associations classiques et conventionnelles (comme le mariage traditionnel auquel la société s'attend).

- Nous vivons à une époque qui aborde de plus en plus franchement ces thématiques : rien ne t'oblige à vivre sous le même toit que ton ou ta partenaire, à choisir une relation exclusive ou à faire comptes communs. Il est possible que tu éprouves de l'attirance pour des personnes anticonformistes sans que cela convienne aux autres énergies de ta carte, peut-être en besoin de plus de stabilité. À toi de définir tes propres envies et de fixer tes propres limites !

Neptune ♆

Sa quête d'amour universel le met dans une position de sauveur prêt à se sacrifier pour son idéal relationnel, même si celui-ci lui échappe, ce qui l'attire vers des partenaires potentiellement toxiques, en proie aux pièges neptuniens (déconnexion totale des réalités matérielles, usage excessif d'alcool ou de drogue…).

- Neptune se berce facilement d'illusions : exerce ta clairvoyance pour ne pas te laisser berner par les personnes aimées ou avec qui tu t'associes, qui pourraient profiter de ta superbe capacité à faire confiance.

Pluton ♇

Son désir permanent de faire table rase se fait ressentir dans le domaine des associations : cet atelier pourrait se révéler tumultueux pour toi, soumis à de fréquentes et intenses remises en question.

➡ Il s'agit de remettre en question la notion même d'association : qu'espères-tu d'un partenariat ou d'un couple ? Tes attentes dans ce domaine sont-elles en adéquation avec le reste de ton existence ?

Plusieurs planètes se trouvent dans ta Maison VII...

Plusieurs astres mettent un coup de projecteur sur cet atelier pour attirer ton attention : leur présence n'est pas anodine. Elle signifie qu'un de tes enjeux astrologiques consiste à trouver le sens de l'altérité : par le couple, une relation amicale fusionnelle, une association professionnelle, tu te confrontes à ton rapport avec autrui. Ce que tu es et ce que tu n'es pas ; ce que tu recherches et ce que tu fuis chez l'autre ; ce que tu concèdes et ce que tu exiges de tes partenaires... L'autre est un levier de construction qui te permet de définir ta nature et tes objectifs. Reste que les liens se font et se défont : les associations ne sont pas toutes éternelles. Il te faudra savoir qui tu es pour ne pas perdre tes repères au fil des séparations.

Et si ta Maison n'abrite aucune planète astrologique, rends-toi p. 121.

Si tu as des planètes dans ta Maison VII, est-ce que leurs missions résonnent avec la thématique de cet atelier ? Rends-toi dans ton astrojournal, p. 251.

Les thématiques de la Maison VII te titillent ?
Voici une astuce pour rendre tes relations plus harmonieuses.

Le quartz rose est une pierre que l'on relie à Vénus : elle propage une énergie tendre et agréable qui aide à résorber le stress et à propager la paix intérieure. Tu peux la serrer entre tes mains et penser très fort aux sentiments d'amour que tu éprouves pour les personnes qui t'apaisent au quotidien. Porter cette pierre tous les jours, en collier par exemple (car elle est très jolie en plus d'être utile !), pourrait t'aider lors des moments difficiles. Pour la laver, il faut la laisser tremper trois heures dans de l'eau déminéralisée salée.

Si la lithothérapie n'est pas ta tasse de thé, tu peux aussi voir ou revoir le film Eternal Sunshine of the Spotless Mind, *de Michel Gondry. Cette pépite cinématographique nous rappelle que chaque rencontre nous apporte quelque chose de magique, même lorsque l'usure du temps la délite.*

Ésotérisme et écologie ?

La lithothérapie est de plus en plus pratiquée, mais essayons d'en faire un usage en pleine conscience. De nombreuses roches viennent d'endroits lointains où, de surcroît, on n'hésite pas à exploiter les plus vulnérables pour leur extraction dans des conditions dramatiques. Renseigne-toi sur la provenance des pierres que tu achètes ; avant d'en commander à prix d'or sur Internet, fouille les brocantes et les boutiques d'objets de seconde main. Cela vaut aussi pour les plantes : utilise en priorité celles de ta région et privilégie l'agriculture responsable et écologique, pour un coût social et environnemental limité !

Maison VIII

NOUS (DÉ)POSSÉDONS

La Maison VIII est l'atelier consacré aux biens qu'on me lègue et dont je vais hériter.

Bienvenue dans une des Maisons les plus mystérieuses de ta carte ! Elle se dédie à tes transformations, à ta manière de traverser les crises, de mourir pour mieux renaître, de détruire pour mieux reconstruire.

Si la Maison II se consacrait à notre vie incarnée, la Maison VIII est l'atelier de notre dématérialisation : il s'agit ici d'abandonner ce qu'on a été, de laisser sa mue ou sa chrysalide afin de traverser une crise ou un bouleversement. C'est en ce sens qu'elle est traditionnellement appelée « Maison de la Mort » : en effet, à chaque épreuve, tu dois faire le deuil et te délester de celui que tu étais avant. Ce n'est pas une fin en soi, mais une métamorphose, une transformation, un changement d'état.

* **On retrouve donc dans cet atelier la thématique de l'occultisme :** soit parce que tu es en contact avec ces énergies dématérialisées (deuils à répétition et présence de « fantômes » autour de toi, que tu estimes qu'il s'agisse de véritables spectres ou, plus rationnellement, d'une mémoire encore inapaisée qui

ressurgit sous forme de chagrin, de deuil inabouti, de secrets qui suintent…), soit parce que la traversée répétée de crises et de deuils te pousse à aller au-devant d'énergies plus vastes que celle de la vie quotidienne par la pratique du spiritisme, de l'ésotérisme, de l'onirisme…

* **On retrouve aussi la thématique des héritages :** de l'argent et des legs que tu reçois à la mort de tes proches, des biens matériels dont le gain est conditionné à la perte d'autre chose. La Maison II, diamétralement opposée à la VIII, servait au contraire à accumuler de la matière, des biens, de la fortune. En Maison VIII, la matière accumulée dans la Maison II de la carte d'une personne décédée (d'une autre carte) est recyclée, et entre ainsi en ta possession. Note qu'il peut aussi s'agir d'un héritage plus ésotérique, plus spirituel, sous forme de legs transgénérationnel, par exemple.
* **Enfin, on retrouve la thématique de la sexualité,** en tant que « petite mort », où l'on expérimente le fait d'être vivant grâce à des sensations, souvent difficiles à décrire tant elles t'extirpent du lien continu que tu entretiens au quotidien avec ton corps.

LE SIGNE QUI HABITE TA MAISON VIII

Le signe qui habite ta Maison VIII renseigne sur ta façon de surmonter les crises de ton existence, notamment celles liées aux pertes, aux deuils et aux grandes transformations que tu dois affronter dans ta vie.

Le Bélier ♈
Est-ce que tu veux surmonter les crises rapidement, et foncer dans le tourbillon de la vie en espérant vite passer à autre chose ?

Le Taureau ♉
Ressens-tu des difficultés à recevoir les mauvaises nouvelles, as-tu besoin de temps pour que les informations s'imprègnent ? Es-tu sujet à une certaine paralysie mentale lorsque tu es confronté à un drame ?

Les Gémeaux ♊
Appréhendes-tu les crises avec une légèreté que certains prennent pour du détachement, de l'immaturité ou de la superficialité ? As-tu l'impression de survoler les événements dramatiques ?

Le Cancer ♋
Lorsque les circonstances deviennent tragiques, les émotions te submergent-elles au point que tu doives te réfugier dans l'imagination et te replier dans un endroit où tu te sentes en sécurité ?

Le Lion ♌
Fais-tu face avec aplomb aux événements tragiques, arguant que la lumière doit gagner sur les ténèbres, quitte à ne pas accepter que d'autres optent pour des stratégies différentes, plus mélancoliques ?

La Vierge ♍
Appréhendes-tu les crises avec plus de cérébralité que de sentimentalisme, en essayant de te rendre utile et le plus occupé possible afin de te distraire de tes émotions ?

La Balance ♎
Es-tu capable d'une certaine lucidité en période difficile, capable de saisir les intérêts de chaque parti et de t'adapter à l'ambiance générale ?

Le Scorpion ♏
Te diriges-tu vers l'introspection afin de comprendre parfaitement les enjeux de la crise que tu traverses ?

Le Sagittaire ♐
Après les avoir ressenties de plein fouet, considères-tu les épreuves comme des outils de réflexion, d'amélioration de ta vie ?

Le Capricorne ♑
A-t-on déjà pointé ton stoïcisme ou ta froideur lors d'événements dramatiques ?

Le Verseau ♒
Cherches-tu à te détacher le plus possible afin de prendre de la hauteur et de considérer les épreuves de la vie sous un angle inédit ?

Les Poissons ♓
As-tu tendance à te résigner ou à fuir les épreuves, peut-être grâce à la rêverie ou aux paradis artificiels ?

Qu'est-ce que t'évoque cet atelier ? As-tu déjà expérimenté une crise régénératrice au cours de ta vie ? Est-ce que le signe de ta Maison VIII correspond à la thématique de cet atelier ? Comment envisages-tu ta résistance au deuil, à la dépression, aux expériences traumatisantes ? Rends-toi dans ton astrojournal, p. 250.

LES PLANÈTES QUI SE TROUVENT DANS TA MAISON VIII

Les planètes situées dans ta Maison VIII vont accomplir leur mission dans le contexte mystérieux de l'héritage et de la dépossession.

Ton Soleil ☉
Il rayonne dans l'atelier de la remise en question, de la métamorphose par les crises nécessitant de faire peau neuve. Il cherche sûrement à se réaliser dans les domaines en général réservés à Pluton ou au Scorpion : la psychanalyse, la sexualité, le bizarre, la mort…

Ta Lune ☽
La fabrique des émotions se colore de mystère et d'intensité passionnelle : il s'agit d'une Lune puissante et possessive sur le plan intime, fuyant la demi-mesure. Elle permet d'aborder les thèmes troubles de la transformation et de l'héritage avec intuition et émotivité.

Mercure ☿
Lorsque le cérébral cherche à percer les secrets d'un atelier aussi mystérieux, le goût des énigmes, des diagnostics, des enquêtes peut être décuplé dans cet atelier propice aux secrets et à l'invisible, ainsi qu'un certain talent pour la persuasion ou la gestion de biens (en rapport avec l'administration fiscale, le notariat, la banque d'assurance…).

Vénus ♀
L'astre des valeurs et des liens affectifs agit dans l'atelier des métamorphoses : il est possible que tes relations sentimentales soient des déclencheurs de transformations intimes et profondes.

Mars ♂
Sa force, sa colère, son agressivité sont des leviers de transformation. Son énergie sera consacrée à l'obtention de ses héritages ou, puisqu'il s'agit d'un autre thème de cette Maison, à la sexualité comme moyen de transcender ses peurs et ses souffrances.

Cérès ⚳
La compétence cérésienne se met au service des métamorphoses. Elle aspire à analyser, à tenir les comptes et à apprendre du processus d'héritage, qu'il soit matériel ou symbolique.

Jupiter ♃
La planète de l'expansion est ambivalente dans cette Maison : soit l'astre agit comme un protecteur garantissant que tu t'épanouiras dans le dépassement et la sublimation des épreuves, soit il amplifiera les tracas qui découlent de ces situations redoutées (problèmes fiscaux, notamment). Tout dépend du reste de la carte.

Saturne ♄
L'astre pourrait te faire sentir bien impuissant, dépourvu de cette capacité à affronter les bourrasques de la vie et à en ressortir grandi. Il espère ainsi t'amener

à accepter la perte, le manque, la tristesse... Ces expériences, qui font partie de l'existence, te font mûrir.

Uranus ♅

Dans l'atelier de l'inconscient, il se pourrait que tu expérimentes des coups du destin, des changements brusques de trajectoire qui te précipitent vers des crises psychologiques, des remises en question sur des thématiques mystérieuses. Le lâcher-prise te semble une notion galvaudée ? Pourtant, il te serait conseillé de ne pas fuir, mais d'accepter pleinement ces aventures occultes.

Neptune ♆

La planète du rêve pourrait te rendre particulièrement sensible aux pressentiments, aux visions et autres rêves étranges, mais aussi parsemer ta vie de coups du sort que tu pourrais interpréter comme de la malchance, c'est-à-dire des coups durs contre lesquels tu as l'impression de ne rien pouvoir faire. Il s'agit alors de travailler sur ce sentiment : tu peux accueillir ce qui t'arrive comme des opportunités d'être inspiré (spirituellement, ou dans la création...) plutôt que comme des drames que tu te résignes à subir.

Pluton ♇

À l'aise dans l'atelier de l'occulte, l'astre t'invite à accueillir pleinement les crises, qui te feront découvrir des forces, des richesses et des ressources intérieures insoupçonnées.

Plusieurs planètes se trouvent dans ta Maison VIII...

Plusieurs astres mettent un coup de projecteur sur cet atelier pour attirer ton attention : leur présence n'est pas anodine. Elle signifie qu'un de tes enjeux astrologiques réside dans le brassage des énergies intrigantes que sont la sexualité, les secrets de famille, la dépression, l'argent des autres : autant de thématiques mystérieuses qui échappent souvent à notre rationalité. Selon le signe qui habite ta Maison VIII et les planètes qui s'y trouvent, on pourra établir s'il s'agit de ton domaine d'activité professionnelle (thérapeute, notaire, assureur, travailleur du sexe...), de tes centres d'intérêt ou des deuils que tu traverses peut-être. Tu restes sur ta faim ? C'est normal : la Maison VIII traite de sujets trop délicats pour être abordés en dehors d'un cadre de confiance, lors d'une consultation par exemple.

Et si ta Maison n'abrite aucune planète astrologique, rends-toi p. 121.

Si tu as des planètes dans ta Maison VIII, est-ce que leurs missions résonnent avec la thématique de cet atelier ? Rends-toi dans ton astrojournal, p. 251.

Les thématiques de la Maison VIII te titillent ?
Voici un outil pour t'accompagner dans l'obscurité.

L'obsidienne est une pierre d'origine volcanique qui était utilisée notamment par les Aztèques et les Mayas pour fabriquer certaines armes, tels les couteaux de sacrifice et les pointes de flèche. Provenant du feu des volcans, cette pierre est chargée de la puissance de la terre. On la relit au chiffre 8, chiffe d'un cycle sans fin, qui évoque aussi le processus de réincarnation et nos vies antérieures.

L'obsidienne est vraiment liée au Scorpion : c'est une pierre d'intuition, qui amplifie la vision du visible comme de l'invisible. Elle aide à mettre en lumière ta part d'ombre pour te l'approprier. Qu'il s'agisse d'un système de croyances périmé, d'un traumatisme, de blocages accumulés, d'addiction, il faut pouvoir les reconnaître pour dissoudre la culpabilité et la peur, les accepter pour t'en débarrasser et te purifier.

Porte la pierre sur toi : elle aide à soulager les douleurs liées aux blessures traumatiques, et on la conseille aussi pour tout travail de régression dans les vies antérieures. Tu peux alors visualiser ta part sombre, par exemple un souvenir désagréable ou honteux, et imaginer que cette masse sombre s'accumule dans ton corps et gonfle jusqu'à sortir par ta bouche ! Déleste-toi de tes souvenirs trop lourds à travers cet exercice. Pour nettoyer la pierre, laisse-la tremper dans de l'eau claire. Pour développer ta clairvoyance, tu peux aussi avoir recours à la labradorite et à la pierre de lune.

Si la lithothérapie n'est pas ta tasse de thé, tu peux aussi voir ou revoir le film Room*, de Lenny Abrahamson. L'héroïne, rescapée d'un agresseur monstrueux qui l'a séquestrée pendant des années, parvient à s'échapper à l'aide de son fils. Enfin revenue au monde réel, elle est pourtant rattrapée par des années de douleur, de solitude et d'amertume. La fuite en avant n'est pas une solution : il faut se confronter à sa part de ténèbres pour triompher.*

Maison IX

NOUS EXPLORONS

La Maison IX est l'atelier consacré à ta spiritualité et à tes voyages.

En Maison IX, ta conscience noue des dialogues avec de lointains horizons de deux manières possibles, en introversion et en extraversion.

* En introversion, il s'agit des connaissances que tu peux acquérir sur le monde : la philosophie, la religion, la spiritualité, la légalité, le droit… La Maison IX marque l'attirance pour les études supérieures, les théories et les conceptions élevées du monde qui extirpent ton esprit comme ton âme de leur lieu d'origine : le voyage est spirituel, mais plonger dans une encyclopédie peut être aussi dépaysant et te permettre de t'émanciper, de te libérer de toutes les idées qui se sont imprégnées en toi en Maison III et en Maison IV.
* En extraversion, cette Maison peut t'amener à voyager à la rencontre de cultures étrangères où les mœurs seront différentes de ce que tu connais. Tu peux aussi élargir tes vues sur des thématiques complexes : il est difficile d'élaborer des jugements tranchés sur sa propre culture, sa sociologie, ses dogmes, et de les inscrire dans un contexte global. Cet atelier te propose d'aller au-devant de ces différences culturelles, qui révéleront toute leur richesse lorsque tu les auras intégrées et comparées à ton propre socle. Elle t'invite

également à intégrer de nouvelles langues et de nouveaux codes sociaux, à les appréhender sans jugement, à les apprivoiser et à les synthétiser avec ce que tu connais déjà.

La Maison IX t'offre la possibilité de faire tomber les murs, de te décloisonner afin de prendre de la hauteur.

✶

LE SIGNE QUI HABITE TA MAISON IX

Le signe de ta Maison IX conditionne tes voyages et tes découvertes culturelles.

Le Bélier ♈
Préfères-tu les voyages physiques à ceux de l'esprit, l'action à la contemplation ?

Le Taureau ♉
Préfères-tu les voyages bien préparés aux voyages spontanés ? La condition de ton expatriation serait-elle la sécurité et la construction d'un foyer ?

Les Gémeaux ♊
Préfères-tu les fugues improvisées aux voyages organisés ?

Le Cancer ♋
Préfères-tu t'évader grâce à ta tête, à ton cœur, aux contes et aux histoires, que par des voyages physiques, qui te semblent somme toute un peu dangereux ?

Le Lion ♌
Voyager doit-il avant tout servir tes intérêts, tes ambitions, ton idéal de vie ?

La Vierge ♍
Cherches-tu à analyser toutes tes expériences lorsque tu voyages ? Préfères-tu l'exploration spirituelle, pour laquelle tu pourrais mettre tes capacités cérébrales et analytiques à contribution ?

La Balance ♎
Apprécies-tu de découvrir d'autres cultures et de t'approprier leurs différences ? Voyages-tu pour entrer en contact avec les gens, t'y faire des amis ou tomber amoureux ?

Le Scorpion ♏
Préfères-tu les lieux atypiques et mystérieux aux destinations consensuelles ?

Le Sagittaire ♐
As-tu songé à carrément t'expatrier tant tes désirs d'aventure et de découverte d'ailleurs sont forts ?

Le Capricorne ♑
Envisages-tu une retraite dans un monastère ou une marche par étapes pour te restructurer et te ramener à l'essentiel ?

Le Verseau ♒
Voyages-tu pour découvrir des améliorations qui permettraient une progression collective (voyages humanitaires ou effectués au sein d'une communauté comme celle du WWOOF) ?

Les Poissons ♓
Cherches-tu l'inspiration à travers le voyage ? Plutôt qu'aux informations touristiques très factuelles, es-tu réceptif aux sensations éprouvées, aux expériences spirituelles vécues dans les lieux visités ?

Qu'évoque pour toi le voyage ? Comment envisages-tu ton rapport au monde extérieur ? Est-ce que le signe de ta Maison IX correspond à la thématique de cet atelier ? Rends-toi dans ton astrojournal, p. 250.

LES PLANÈTES QUI SE TROUVENT DANS TA MAISON IX

Les planètes situées dans ta Maison IX vont accomplir leur mission en aidant ta quête spirituelle et tes voyages physiques.

Ton Soleil ☉
Ton énergie s'oriente vers les études et les connaissances culturelles différentes de celles de ton milieu d'origine. Changer de regard, d'angle, et donc de jugement sur le sens de l'existence te permet de poursuivre ta construction et d'atteindre la maturité. Tu seras donc sûrement amené à voyager et à faire des expériences afin de prendre de la hauteur sur les bases transmises pendant la première partie de ta vie.

Ta Lune ☽
Ton imagination et ta sensibilité te permettent de sortir de ton milieu de départ : ce sont des routes vers d'incroyables ailleurs, qui t'emmènent en dehors de ton environnement d'origine.

Mercure ☿
Ton mental a soif de nouveaux horizons et de perspectives différentes. Il pourrait prendre goût aux études, aux carnets et aux récits de voyage, ou à un poste à l'international.

Vénus ♀
Tes valeurs et tes relations te poussent vers des mondes étrangers. Tu pourrais te lier d'amitié ou d'amour avec des personnes venant de milieux culturellement différents, ou vivre des expériences sentimentales à l'étranger.

Mars ♂
Il se bat au nom de tes idées philosophiques et de ta spiritualité, et usera de sa force pour entamer de grands voyages… Si tu cherches un ou une partenaire de vie, il n'est pas impossible que celui-ci se trouve à l'étranger, bien loin de ton lieu de naissance !

Cérès ⚳
La compétence s'acquiert dans un milieu différent du tien : tu pourrais te rendre utile à l'étranger, ou dans le cadre de l'enseignement supérieur ou linguistique.

Jupiter ♃
Ton intégration sociale se fait dans un environnement éloigné de ton milieu originel ou au sein d'un poste de diffusion d'idées philosophiques et théologiques.

Saturne ♄
L'astre de la gravité indique une sensation de ne pas être à la hauteur sur le plan des grandes idées, des principes et de la philosophie de vie. Il t'invite à te débarrasser de cette croyance limitante : tu n'as pas besoin de guide spirituel, tu peux être ton propre mentor et te faire confiance.

Uranus ♅
Dans l'atelier des grandes idées, Uranus apporte une dose de rébellion et de révolte. Tu pourrais trouver ta place lors de manifestations, de mouvement révolutionnaire ou d'actions coup de poing.

Neptune ♆
Ton intérêt pour la spiritualité et les religions est sûrement prégnant ! Attention à ne pas sombrer dans la crédulité et à te laisser influencer par une secte ou un groupe religieux peu recommandable.

Pluton ♇
La quête de puissance plutonienne se traduit dans le domaine des grandes idées. Tu pourrais avoir un pouvoir d'attraction particulier dans le domaine religieux ou philosophique.

Plusieurs planètes se trouvent dans ta Maison IX…

Plusieurs astres mettent un coup de projecteur sur cet atelier pour attirer ton attention : leur présence n'est pas anodine. Elle signifie qu'un de tes enjeux astrologiques consiste à t'extirper de ton milieu d'origine, voire à quitter ton entourage proche (s'il s'agit d'une expatriation), pour t'accomplir à plusieurs titres. Que ce soit par le biais d'études supérieures ou de voyages véritables, il s'agit de dépasser ta propre singularité pour découvrir, sans préjugés, ce que le monde a à offrir ailleurs. L'appel du large peut être fortement ressenti, comme une perspective excitante et galvanisante, pleine d'aventure, qui permet de toucher au sens de la vie humaine dans tout ce qu'elle a d'universel, et peu importe qu'il s'agisse de l'existence d'un fermier argentin ou d'une pop-star japonaise. En prenant de la hauteur, on peut cependant oublier d'où l'on vient et perdre le sens même de sa trajectoire. Il s'agit donc de continuer à t'interroger sur la signification de ce que tu vis et sur l'alignement de tes déplacements et de tes choix de vie avec le reste de tes dynamiques.

Et si ta Maison n'abrite aucune planète astrologique, rends-toi p. 121.

Si tu as des planètes dans ta Maison IX, est-ce que leurs missions résonnent avec la thématique de cet atelier ? Rends-toi dans ton astrojournal, p. 251.

Les thématiques de la Maison IX te titillent ?
Voici un petit rituel pour t'accompagner lors de tes voyages.

Ramasse trois cailloux dans ton jardin, devant ta maison ou sur le trottoir. Pense au fait que ces trois petites pierres vont t'accompagner lors de ton voyage et s'imprégner de ton exploration. Pendant ton séjour, ramasse trois autres cailloux, ou trois coquillages, trois graviers... À ton retour, réunis-les avec ce que tu avais ramassé près de chez toi dans un petit sac, un pot, une fiole... À ta convenance, tu peux soit étiqueter le récipient et l'exposer comme un symbole des énergies que tu as reçues pendant ton séjour, soit l'enterrer dans ton jardin pour imprégner ton environnement des bonnes ondes que tu as ramenées.

Si les rituels ne sont pas ta tasse de thé, tu peux aussi voir ou revoir le film Captain Fantastic, *de Matt Ross, où une famille vit en pleine nature dans un petit coin de paradis loin de l'Amérique consumériste. Un drame les pousse à quitter leur zone de confort pour traverser plusieurs États et se confronter à de nouveaux horizons afin de grandir, chacun à sa manière.*

Maison X

NOUS RÉALISONS

La Maison X est l'atelier consacré à ton accomplissement public, social et professionnel.

La Maison X se dédie à ta place au sein du collectif, à ton destin au sein de la société, à ta carrière, à tes entreprises au sens large. Elle renseigne sur la nature de tes ambitions, mais aussi les actions nécessaires à entreprendre et les responsabilités indispensables à leur achèvement.

Comme la Maison I, la Maison IV et la Maison VII, la Maison X est une Maison angulaire : elle se situe à l'un des quatre angles que nous avons étudiés plus haut (voir p. 18). On la surnomme le Milieu du Ciel, car elle se situe au midi de ta carte.

Elle représente ton ascension : elle se situe à l'endroit où le soleil culminerait dans sa course. Vu l'organisation de notre société, il s'agit souvent d'une carrière déclarée et officialisée par un contrat de travail, mais ce n'est pas automatique. Il peut être question du rôle qui sera le tien dans la société : par exemple, tu peux avoir un job alimentaire te permettant uniquement de payer tes factures (Maison II) tout en considérant que les activités pratiquées pendant ton temps libre t'ammènent à prendre ta véritable place aux yeux du public : en étant poète, membre d'une association, créateur de festivals indépendants, ou toute autre possibilité. Tu revendiques alors un rôle différent de ta profession déclarée.

Le point culminant de ta carte

Observe l'endroit où se trouve ton Soleil de naissance dans ton thème : si ta naissance s'est déroulée dans la nuit ou au petit matin, il sera placé dans la partie inférieure de ton thème (au nord). Si en revanche tu es né l'après-midi, il se situera sûrement dans la partie supérieure de ton thème (au sud). Voilà pourquoi on dit que la Maison X se situe au midi de ta carte !
L'élévation sociale menée en Maison X permet parfois d'obtenir les honneurs publics, les pouvoirs et les récompenses attribués par la foule.

- *Le signe dans lequel se trouve ta Maison X t'informe des qualités et du caractère avec lequel tu envisages ta montée au sommet.*
- *Les astres situés en Maison X et les aspects qu'ils forment avec les autres astres te renseignent sur les rôles que tu pourrais accepter de jouer dans un contexte public.*

LE SIGNE QUI HABITE TA MAISON X

Le signe de ta Maison X (Milieu du Ciel) te renseigne sur les qualités avec lesquelles tu dois affronter ton ascension sociale.

Le Bélier ♈
Tu abordes ta carrière avec détermination, énergie, force, esprit d'initiative, goût du challenge.
➡ Pour les décisions importantes, impose-toi un délai de réflexion minimal de 48 heures.

Le Taureau ♉
Tu abordes ta carrière avec prudence et pragmatisme, en privilégiant la stabilité.
➡ Sortir de ta zone de confort dynamise ta vie professionnelle ! Fais le point tous les dix ou douze ans : des formations sont proposées afin d'élargir tes compétences et d'explorer de nouveaux horizons.

Les Gémeaux ♊

Tu abordes ta carrière avec légèreté, curiosité intellectuelle et envie de t'amuser.

➡ Privilégie les activités te permettant de renouveler ton intérêt, quitte à jongler entre plusieurs missions.

Le Cancer ♋

Tu abordes ta carrière en privilégiant le sens de l'entraide, en préservant tes valeurs et sans gommer tes émotions, en espérant que tu te sentiras comme chez toi dans ton environnement professionnel.

➡ N'hésite pas à solliciter du renfort logistique pour structurer tes envies professionnelles, quitte à faire appel à des spécialistes, du développement personnel, du droit ou du domaine comptable, pour t'aider à concrétiser tes ambitions.

Le Lion ♌

Tu abordes ta carrière en espérant fortement y briller, t'y accomplir et même t'émanciper.

➡ Rappelle-toi d'exprimer ta reconnaissance à celles et ceux qui t'aident à rayonner.

La Vierge ♍

Tu abordes ta carrière avec le sens de la mesure et du service, et en anticipant (parfois à outrance).

➡ N'oublie pas qu'il est aussi possible de s'amuser en travaillant ! Stresser n'est pas un gage de qualité.

La Balance ♎

Tu abordes ta carrière en attendant qu'elle contribue à te sentir harmonieusement à ta place avec le reste du monde, notamment en jouant la carte de l'arbitrage, de la conciliation, de la médiation.

➡ Confronte-toi à tes désirs professionnels, sans choisir ta carrière en fonction de l'avis de ceux qui t'entourent.

Le Scorpion ♏

Tu abordes ta carrière avec l'envie de remettre en question et de restructurer, de chercher et de prouver ce en quoi tu crois.

➡ La vie n'étant pas une lutte permanente, rappelle-toi qu'il n'est jamais requis de souffrir au travail : tu peux accorder moins d'importance aux rapports de force (avec ta hiérarchie, tes collègues, ta clientèle…) et humblement comprendre que ton labeur n'a pas à être douloureux.

Le Sagittaire ♐

Tu abordes ta carrière avec soif d'aventure, enthousiasme et volonté de transmettre ton savoir à d'autres que toi.

- ➡ Si tu devais traverser une période de travail rébarbatif et ennuyeux, essaie de relativiser en te rappelant que ce n'est que temporaire.

Le Capricorne ♑

Tu abordes ta carrière sans craindre la solitude, les efforts et l'attente patiente que tes efforts soient récompensés.

- ➡ Rappelle-toi que ta valeur en tant que personne ne dépend pas du nombre d'heures consacrées au travail : productivité n'est pas synonyme d'heures supplémentaires.

Le Verseau ♒

Tu abordes ta carrière comme une façon de contribuer au progrès collectif.

- ➡ Rappelle-toi que rayonner à titre personnel et participer au bien commun ne sont pas forcément incompatibles.

Les Poissons ♓

Tu abordes ta carrière avec un certain flou artistique, au gré des éléments extérieurs.

- ➡ Dans notre société souvent inadaptée aux rêveurs et aux idéalistes, tu pourrais (comme plus haut en Cancer) chercher des soutiens pour trouver ton orientation ou la bonne façon de t'organiser.

Ambitionnes-tu de mener une carrière ? Si oui, quel genre de parcours te plairait, et si non, pourquoi ? Comment envisages-tu ton ascension sociale ? Est-ce que le signe de ta Maison X correspond à la thématique de cet atelier ? ***Rends-toi dans ton astrojournal, p. 250.***

LES PLANÈTES QUI SE TROUVENT DANS TA MAISON X

Les planètes situées dans ta Maison X vont accomplir leur mission dans le contexte de ton ascension professionnelle et sociale.

Ton Soleil ☉

Rôle social : le chef.

- ➡ Responsable de production ou de mise en scène, dirigeant, politique...

Ta Lune ☽

Rôle social : le créatif.

- ➡ Métiers de la petite enfance, métiers artistiques, psychologue...

Mercure ☿
Rôle social : l'intermédiaire.
➡ Rédacteur, journaliste, commercial, animateur audiovisuel...

Vénus ♀
Rôle social : l'entremetteur.
➡ Agriculteur, fleuriste, sculpteur, chef de cuisine, architecte, métiers de l'esthétisme.

Mars ♂
Rôle social : l'entrepreneur.
➡ Chef d'entreprise, travailleur indépendant, chasseur (de tête, peut-être !), sportif...

Cérès ⚳
Rôle social : le serviteur.
➡ Fonctionnaire, comptable, analyste, soignant, métiers liés aux médecines alternatives (naturopathie, diététique, homéopathie...).

Jupite ♃
Rôle social : le guide.
➡ Avocat, enseignant, mécène, maître spirituel, journaliste de terrain, explorateur...

Saturne ♄
Rôle social : l'administrateur.
➡ Scientifique, politique, métiers de l'ordre...

Uranus ♅
Rôle social : l'inventeur.
➡ Métiers des nouvelles technologies, de l'industrie spatiale, de l'innovation, de l'électricité...

Neptune ♆
Rôle social : le troubadour.
➡ Musicien, poète, artiste, thérapeute, religieux...

Pluton ♇
Rôle social : le purgeur.
➡ Métiers de l'ésotérisme, psychanalyste, détective...

Plusieurs planètes se trouvent dans ta Maison X...

Plusieurs astres mettent un coup de projecteur sur cet atelier pour attirer ton attention : leur présence n'est pas anodine. Elle signifie qu'un de tes enjeux astrologiques se concentre sur ta construction sociale, sur les efforts fournis pour t'élever au sein du collectif, sur tes ambitions et ton élévation par le travail et par l'action. On t'appelle à prendre tes responsabilités pour devenir une personne publique, reconnue par la société pour le rôle qu'elle joue.

Et si ta Maison n'abrite aucune planète astrologique, rends-toi p. 121.

Si tu as des planètes dans ta Maison X, est-ce que leurs missions résonnent avec la thématique de cet atelier ? Rends-toi dans ton astrojournal, p. 251.

Les thématiques de la Maison X te titillent ?
Voici un rituel pour favoriser ton ascension sociale.

Mets-toi face au nord. Allume une bougie blanche, puis brûle un morceau d'écorce de chêne (symbole de puissance nécessaire pour porter un projet et accroître ta combativité). Munis-toi d'une feuille de papier et inscris précisément tes objectifs : il s'agit de tes commandes à l'univers. Tu peux même opter pour un carnet, où tu marqueras tous tes souhaits au fur et à mesure de tes rituels. Imprègne tes souhaits de la fumée de chêne. Tu peux aussi fumiger une feuille de laurier (symbole de succès), que tu porteras ensuite dans ta poche.

Si les rituels ne sont pas ta tasse de thé, tu peux voir ou revoir Will Hunting, *de Gus Van Sant. Dans ce film, un jeune surdoué issu d'un milieu défavorisé cache sa peur d'ascension sociale sous une couche de sarcasme et une tendance à l'autosabotage. Grâce à son thérapeute, il parvient à choisir entre une réussite professionnelle parmi les puissants qui le rebutent et une vie libre et riche de sens, pleine de risques mais aussi de promesses d'élévation, où il pourrait rester fidèle à ses valeurs.*

Maison XI

NOUS PARTAGEONS

La Maison XI est l'atelier consacré à tes soutiens et à ta dynamique dans le collectif.

La Maison XI se dédie aux relations amicales dans lesquelles tu ne projettes pas une part si personnelle ou intime de toi-même : il s'agit de ta place, de ton rôle à jouer dans les projets collectifs.

* Ta participation à la citoyenneté et à la collectivité, au sein d'associations, d'organisations humanitaires, de syndicats, de collectifs. Ces activités humanistes existent au nom de la fraternité, de l'humanité, de l'altruisme et de l'amour universel. Elles réclament un certain renoncement à son ego (on n'y travaille pas pour briller à titre individuel, mais pour l'intérêt du plus grand nombre) et à ses désirs personnels afin de concrétiser l'action sociale et d'en faire profiter le plus grand nombre.
* Ta dynamique au sein d'un groupe d'amis, d'une confrérie, d'une sororité, d'un lobby ou d'un club, qui existent comme un réseau où l'individualité se retrouve légèrement gommée pour la cause ou le bien commun, afin de mettre en avant l'entité du réseau. En échange de ton adhésion, ces groupes viennent à ton

secours et te fournissent des appuis non négligeables (comme du piston !), du soutien, une protection.

Il s'agit dans cet atelier de ton habilité à te forger une identité publique, ce qui passe par la mise à l'écart de tes états d'âme intimes et personnels, qui pourraient déstabiliser le groupe, et par la mise en avant de ta capacité à partager tes talents et à faire don de toi pour une cause commune.
À notre époque, les liens entre la Maison X et les réseaux sociaux sont forts : ils mettent en place des communautés, des réseaux où l'on se trouve être un élément parmi tant d'autres, mais relié aux autres utilisateurs par les outils de messagerie horizontaux, par les invitations aux événements, aux jeux, à diverses manifestations. Ce sont aussi des outils formidables de lancement de projet, notamment lorsqu'ils relaient des initiatives de financement participatif : chaque centime compte, car ce sont les petits ruisseaux qui font les grandes rivières !

LE SIGNE QUI HABITE TA MAISON XI

Le signe de ta Maison XI teinte tes liens amicaux et ta présence au sein d'un collectif.

Le Bélier ♈
En amitié, recherches-tu des aventuriers, des *self-made men* ou *women* ? Occupes-tu un rôle autonome au sein de tes réseaux ?

Le Taureau ♉
En amitié, recherches-tu des personnes stables, sur qui tu peux compter y compris matériellement ? Occupes-tu un rôle de pilier au sein de tes réseaux ?

Les Gémeaux ♊
En amitié, recherches-tu des personnes créatives et cérébrales ? Occupes-tu un rôle d'intermédiaire dynamique au sein de tes réseaux ?

Le Cancer ♋
En amitié, recherches-tu des personnes considérées comme des membres de ta famille ? Occupes-tu un rôle de créatif et/ou de suiveur au sein de tes réseaux ?

Le Lion ♌
En amitié, recherches-tu des personnes charismatiques et inspirantes capables de t'apporter autant que tu leur apportes ? Occupes-tu un rôle de meneur ou de meneuse que l'on aime suivre au sein de tes réseaux ?

La Vierge ♍
En amitié, recherches-tu des personnes qui savent organiser et se rendre utiles ? Occupes-tu un rôle logistique ou de tête froide au sein de tes réseaux ?

La Balance ♎
En amitié, recherches-tu des personnes agréables, avec qui entrer en conflit semble impossible ? Occupes-tu un rôle d'arbitre ou d'atout charme au sein de tes réseaux ?

Le Scorpion ♏
En amitié, recherches-tu ces personnes intenses et passionnées qui ne laissent pas indifférent ? Occupes-tu un rôle explosif qui remet en question les relations au sein de ton réseau ?

Le Sagittaire ♐
En amitié, recherches-tu des personnes énergiques et enthousiastes avec qui t'amuser ? Occupes-tu un rôle de boute-en-train qui intègre de nouveaux membres à son réseau ?

Le Capricorne ♑
En amitié, recherches-tu des personnes fidèles plus que des liens mondains et superficiels ? Occupes-tu un rôle de sage ou de responsable mature au sein de ton réseau ?

Le Verseau ♒
En amitié, recherches-tu des personnes originales qui aiment participer ? Occupes-tu un rôle de représentant au sein de ton réseau ?

Les Poissons ♓
En amitié, recherches-tu des personnes sensibles et bienveillantes ? Occupes-tu un rôle de confident qui ne juge pas au sein de ton réseau ?

T'appuies-tu sur des réseaux amicaux ou professionnels ? Lesquels ? Qu'attends-tu d'eux ? Est-ce que le signe de ta Maison XI correspond à la thématique de cet atelier ? Rends-toi dans ton astrojournal p. 250.

LES PLANÈTES QUI SE TROUVENT DANS TA MAISON XI

Les planètes situées dans ta Maison XI renseignent sur la façon dont tu prends ta place au sein d'un groupe.

Ton Soleil ☉
Il rayonne pour des projets non personnels et trouve de la satisfaction à travers des réalisations communes, participatives, associatives ou caritatives, sans attendre ni reconnaissance ni renvoi d'ascenseur. Tes attentes personnelles s'effacent devant les causes que tu défends.

Ta Lune ☽
L'émotivité est particulièrement propice aux prises de contact et aux relations : la solitude pourrait t'effrayer un peu.

Mercure ☿
Le mental est activé dans le domaine amical, dans celui des réseaux et de l'associatif, prêt à échanger avec de nombreuses personnes.

Vénus ♀
L'affection et la sentimentalité se greffent à des projets, notamment de groupe.

Mars ♂
Il use de sa force pour l'élévation collective ! Armé de sa conscience de petit soldat, il veillera néanmoins à lutter pour tes intérêts individuels au sein du groupe.

Cérès ⚳
La compétence cérésienne s'exprime dans des travaux collectifs et des œuvres de groupe. Au contact de cette Maison, le sens du devoir se teinte d'un léger anticonformisme !

Jupiter ♃
Il pourrait agir comme un guide dans le domaine associatif, comme un éducateur ou un enseignant.

Saturne ♄
L'astre pourrait t'amener à ressentir une frustration à ne pas recevoir assez de gratitude par rapport à ton investissement pour le collectif. Il t'invite à mesurer par toi-même la valeur de tes efforts : pour quelle raison, quelle chose, agis-tu ? Pour une cause que tu veux voir progresser ? Pour recevoir la reconnaissance des autres ? C'est à toi de juger ce que tu acceptes de sacrifier pour le bien commun sans te sentir lésé pour autant.

Uranus ♅
Dans l'atelier des amitiés, l'astre n'est pas sélectif. Il s'agit moins de relations intimistes que d'un grand réseau où chacun est libre et égal en droits ! Ton intérêt est pour chacun, y compris les âmes les plus solitaires et marginales. L'idéal uranien de fraternité et de solidarité teinte ta Maison XI. Si tu vis dans un territoire isolé ou que ton cercle proche est physiquement restreint, tu pourrais nouer de beaux liens sur Internet, un outil qui fait fi des distances linguistiques et géographiques.

Neptune ♆
L'astre idéalise les groupes amicaux et cherche à fusionner avec eux, à vivre en symbiose avec le groupe auquel il rêve d'appartenir et avec lequel il pourrait chercher à s'unir à travers un art commun, une foi ou un engagement partagé. Les réseaux en question peuvent être marqués par le voile neptunien : soit leur apparence est différente de leur nature véritable, soit ils pourraient être constitués d'individus marginaux, inspirés, prompts à faire usage de substances troublant la limite entre rêve et réalité.

Pluton ♇
Sa quête de pouvoir et d'intensité se ressent dans l'atelier des associations et des contacts extérieurs. Ce domaine pourrait être soumis à de puissantes remises en question : pourquoi faire cause commune ? Comment ? À quel prix ? Et avec qui ?

Plusieurs planètes se trouvent dans ta Maison XI…

Plusieurs astres mettent un coup de projecteur sur cet atelier pour attirer ton attention : leur présence n'est pas anodine. Elle signifie qu'un de tes enjeux astrologiques consiste à trouver ta place au sein de réseaux (quels qu'ils soient) et à conjuguer ton besoin d'indépendance et d'autonomie avec ton existence au sein du groupe. Plus que des amitiés récréatives, la Maison XI nous parle de tes appuis, de tes lobbies, de ta capacité à créer et à maintenir des liens avec des personnes qui souhaiteraient t'aider, non pas pour ton bonheur personnel (même si c'est indirectement le cas), mais parce qu'elles croient en ton projet et en ton pouvoir d'accomplissement.

Et si ta Maison n'abrite aucune planète astrologique, rends-toi p. 121.

Si tu as des planètes dans ta Maison XI, est-ce que leurs missions résonnent avec la thématique de cet atelier ? Rends-toi dans ton astrojournal, p. 251.

Les thématiques de la Maison XI te titillent ?
Voici une idée pour t'aider à rentrer dans un réseau.

Tu aimerais intégrer un groupe ou une association mais tu crains de te sentir mal à l'aise ? Tu peux fabriquer un *sigil* : il s'agit d'un sceau, d'un dessin magique que tu peux imprégner de ton énergie ou de ton intention. Prends une phrase simple, par exemple « Je suis à l'aise » ou « Je veux m'inscrire », bref, ce qui te semble juste, et amuse-toi à déformer les lettres, à supprimer les mots qui te paraissent d'une moindre importance, à ajouter des symboles qui te semblent pertinents… Il ne reste qu'à le porter sur toi en talisman !

Si les sigils *ne sont pas ta tasse de thé, tu peux voir ou revoir* Pride, *de Matthew Warchus, qui narre la véritable histoire d'un rapprochement inédit entre des mineurs grévistes et des groupes LGBT de Londres sous le gouvernement de Margaret Thatcher. Ces réseaux a priori différents ont fait preuve de solidarité et d'horizontalité pour créer un nouvel ensemble : celui des opprimés dont les droits élémentaires étaient bafoués par l'autorité en place.*

Maison XII

NOUS NOUS ABANDONNONS

La Maison XII est l'atelier consacré à ton lâcher-prise !

Tout comme la Maison VIII, la Maison XII est tout à fait singulière. Elle clôt le cycle d'une vie entière, représente l'ultime étape pour que la roue zodiacale soit complète ! Les autres Maisons t'invitent à toutes sortes d'activités (le travail, les projets, la création, les responsabilités), mais ce dernier atelier se consacre à accepter ta non-productivité. Il y a des moments dans la vie où ta marge de progression et d'accomplissement se réduit considérablement : il ne te sert plus à rien d'agir, ce qui a été fait ne peut être poursuivi davantage. Avant de passer à autre chose, il faut accepter de se retirer du monde et d'effectuer une retraite. Cela peut prendre la forme d'une pause, d'un rythme allégé qui ne serait pas tourné sur l'action et l'engagement, mais sur la méditation, l'introspection et ce fameux lâcher-prise dont on nous vante sans cesse les mérites, sans enquêter sur les raisons de notre résistance... La tentation est grande de combattre cet appel à la passivité et de s'acharner pour contrer le sentiment d'impuissance. C'est normal d'avoir envie de prouver qu'on peut tout réussir à condition d'être suffisamment fort, talentueux,

persévérant, malin, de bonne volonté… Pourtant, certaines choses échappent à notre contrôle et nous poussent à expérimenter l'impossibilité.
Si tu ne t'accordes pas cette relâche, de la nervosité, un coup de froid, un petit accident pourraient te conduire dans un endroit en retrait de la vie active : chambre de convalescence, hôpital, monastère, bref un lieu d'isolement où tu serais à l'écart de l'agitation de la ruche.

Tu as peur de te retrouver seul avec toi-même ? Pourtant, cette Maison XII est une formidable opportunité pour prendre du recul, plonger dans sa vie intérieure. Traditionnellement, les astrologues l'associaient aux grandes épreuves qui nous paralysent, aux maladies qui nous clouent au lit, à la captivité et à l'exil que l'on subit, aux ennemis que l'on ne voit pas venir et qui nous envoient à la case « prison » (ou, fut un temps, au couvent !), à l'échec… Mais cette vision frustrante appelle à être dépassée !

Si ta Maison XII est investie par les astres, laisse-toi emporter par l'énergie du signe qui les habite. Au lieu de la considérer comme un signe de blocage, pars du principe qu'il s'agit d'un domaine où tu es autorisé à te détendre et à te reposer. L'univers t'offre des vacances ! Accepte-les avant que des forces cosmiques ne t'envoient sur le banc de touche contre ta volonté.
Une fois n'est pas coutume, tu pourrais être invité à prendre le contre-pied du signe qui habite ta Maison XII.

* En Bélier, ta Maison XII t'invite à… arrêter de foncer tête baissée.
* En Taureau, ta Maison XII t'invite à… croire que le matériel ne fait pas le bonheur.
* En Gémeaux, ta Maison XII t'invite à… te retirer de l'agitation effervescente des contacts humains et de la sociabilité.
* En Cancer, ta Maison XII t'invite à… lâcher prise quant aux tensions familiales.
* En Lion, ta Maison XII t'invite à… visiter les coulisses plutôt que d'attirer toute l'attention sur la scène.
* En Vierge, ta Maison XII t'invite à… accepter que rien ne soit jamais parfait ni tout à fait rationnel.
* En Balance, ta Maison XII t'invite à… te reposer des mondanités et échapper au regard des autres pour enfin être toi-même.
* En Scorpion, ta Maison XII t'invite à… t'autoriser des pauses pour vivre sans passion et sans révolte.
* En Sagittaire, ta Maison XII t'invite à… vivre sans idéal absolu.
* En Capricorne, ta Maison XII t'invite à… mettre tes ambitions de côté.
* En Verseau, ta Maison XII t'invite à… te détacher des réseaux et des associations pour exister en dehors de tes groupes d'amis.
* En Poissons, ta Maison XII t'invite à… être en paix malgré tes crises de foi.

LE SIGNE QUI HABITE TA MAISON XII

Le signe de ta Maison XII t'indique le domaine où tu pourrais subir par des épreuves, par manque de repères, de forces ou de ressources.

Le Bélier ♈
Éprouves-tu des difficultés à t'affirmer ?
➡ Accepte de parfois manquer de confiance en toi.

Le Taureau ♉
Éprouves-tu des difficultés à te stabiliser ?
➡ Accepte de vivre sans certitudes.

Les Gémeaux ♊
Éprouves-tu des difficultés à communiquer ?
➡ Accepte de parfois préférer la solitude.

Le Cancer ♋
Éprouves-tu des difficultés à te sentir fort et en sécurité ?
➡ Accepte de te laisser submerger par la nostalgie et choisis de te mettre à l'abri plutôt que d'aller au combat.

Le Lion ♌
Éprouves-tu des difficultés à rayonner ?
➡ Accepte de parfois vivre dans les coulisses.

La Vierge ♍
Éprouves-tu des difficultés à accepter le chaos ?
➡ Accepte de vivre sans tout prévoir ni tout contrôler.

La Balance ♎
Éprouves-tu des difficultés à trouver la paix et l'harmonie ?
➡ Accepte le fait que la vie est aussi faite de conflits irréconciliables.

Le Scorpion ♏
Éprouves-tu des difficultés à vivre dans une perpétuelle et intense remise en question ?
➡ Accepte les phases de tiédeur et d'indécision.

Le Sagittaire ♐
Éprouves-tu des difficultés à préserver ton enthousiasme et tes idéaux ?
➡ Accepte le fait que le sens de l'existence peut t'échapper, voire te sembler absurde.

Le Capricorne ♑
Éprouves-tu des difficultés à te discipliner ?
➡ Accepte le fait que tu n'as pas à prouver tes mérites pour exister.

Le Verseau ♒
Éprouves-tu des difficultés à faire partie d'un groupe ?
➡ Accepte le fait que tu n'es pas forcément attendu par les autres.

Les Poissons ♓
Éprouves-tu des difficultés à croire et avoir la foi ?
➡ La connexion spirituelle n'est pas un chemin évident ou aisé : accepte ta condition charnelle, matérielle et limitée de petit être humain qui doit survivre, se nourrir, se loger et prendre les choses une à une avant d'atteindre la révélation !

As-tu déjà fait cette expérience de l'impuissance, et donc de l'inaction ? Arrives-tu à t'accorder des temps de pause ou es-tu du genre hyperactif ? As-tu déjà réussi à abandonner ? (Oui, l'abandon peut être une victoire sur soi-même !) Comment envisages-tu les grandes épreuves de ta vie ? Est-ce que le signe de ta Maison XII correspond à la thématique de cet atelier ? Rends-toi dans ton astrojournal, p. 250.

LES PLANÈTES QUI SE TROUVENT DANS TA MAISON XII

En Maison XII, les astres sont challengés : ils ne doivent pas s'imposer, mais au contraire considérer leur mission avec humilité.

Ton Soleil ☉
Sa vitalité s'exerce dans le domaine de la vie intérieure et du recueillement : s'il représente notre énergie, celle-ci pourrait se dédier à la retraite, à l'ascétisme, à l'inactivité ou à l'abstinence comme résistance à l'excitation charnelle. Si cela peut avoir l'air d'un abandon ou d'un manque de constance dans l'activité, cette position est propice à l'atteinte d'un niveau spirituel supérieur, d'une révélation qui vient bouleverser la vision qu'on a du monde et de soi.

Ta Lune ☽
Son intuition est renforcée dans cet atelier, mais c'est aussi une position propice aux blocages de l'émotivité. Dans le souci de te protéger, tu pourrais être amené à fermer tes écoutilles émotionnelles afin de mieux te centrer sur ta propre intuition.

Mercure ☿
L'intérêt intellectuel et le mental se vivent de manière fermée aux autres et/ou dans le flou, puisque l'astre s'exprime dans un atelier qui invite au lâcher-prise. Cela peut inviter à davantage utiliser son intuition ou ses sentiments que son intellect, mais aussi à développer sa propre communication afin de déjouer les obstacles d'une pensée et d'une parole manquant d'accessibilité.

Vénus ♀
Cela peut signifier des épreuves dans le domaine affectif, qui ne se déroulerait pas de manière aussi fluide que le souhaiterait cette planète d'harmonie et de sensualité fluide. Cette position invite aussi à reconsidérer la valeur que l'on donne à nos relations et à nos affects, et à ne pas se sacrifier ou se dévouer totalement au moindre appel du cœur.

Mars ♂
Il use de sa force au profit de l'inconscient collectif. Son énergie sera sûrement mise au service de ce qui peut sauver l'humanité : médecine, foi… L'astre peut aussi évoquer ta part de colère qui, si tu ne la canalises pas, pourrait te mettre à l'écart du monde actif : utilise-la comme outil de sublimation spirituelle.

Cérès ⚳
Le sens du devoir peut être mis à l'épreuve dans cette Maison. À force de s'acharner, l'astre de la compétence pourrait se trouver inapte, incapable d'effectuer ses tâches et corvées. Dans cette position, on t'invite à lever le pied en essayant de penser « je veux » ou « je peux » plutôt que « je dois ».

Jupiter ♃
Ton expansion sociale pourrait être ralentie par des circonstances qui te défavorisent, bien loin du faste désiré par la planète : on t'invite ici à reconsidérer le sens que tu donnes à ton épanouissement. C'est une position très favorable pour les œuvres humanitaires, d'abnégation, d'aide aux autres, réclamant un don de soi.

Saturne ♄
Tu pourrais ressentir de la frustration lorsqu'on en vient à ta vie intérieure, peut-être même de la culpabilité à l'idée de lâcher prise sur l'activité quotidienne, de t'accorder du temps pour réfléchir à toi. Ce blocage pourrait t'amener à vivre retiré du monde pour éviter le jugement des autres.

Uranus ♅
L'antenne uranienne se branche sur l'atelier de l'inconscient collectif, du sommeil et des rêves. Ton intuition pourrait être particulièrement forte, au point de te troubler. Pour apprivoiser ce talent, tu pourrais t'orienter vers des sciences psychologiques, des médecines alternatives ou l'ésotérisme.

Neptune ♆

Sensible aux flux émotionnels collectifs, l'astre cherche à se connecter à travers la prière, la compassion et l'amour absolu, ou les visions parvenant à travers les rêves. Son extrême porosité aux états d'âme du monde peut accentuer ses tendances mélancoliques. Cette position astrale peut te rendre extrêmement vulnérable : il est important de trouver un exutoire et de pratiquer quotidiennement des exercices d'ancrage dans le présent (à travers la sophrologie, la méditation, le dessin ou toute autre activité qui t'apaise).

Pluton ♇

La vie n'est pas faite que de conflits, de rapports de force, de domination et de soumission... À force de vouloir absolument se mesurer à l'adversité, à persécuter le monde qui nous persécute, on s'épuise.

Plusieurs planètes se trouvent dans ta Maison XII...

Plusieurs astres mettent un coup de projecteur sur cet atelier pour attirer ton attention : leur présence n'est pas anodine. Elle signifie qu'un de tes enjeux astrologiques réside dans ton intériorité plus que dans ton activité. Il s'agit d'accepter le fait que tu ne peux pas tout faire, tout le temps. L'expérience de l'humilité est précieuse : elle permet de relativiser la portée de ton existence. Quel soulagement ! Ce n'est pas un jugement de valeur, simplement une manière de voir les choses : tes actions spécifiques, tes ambitions, tes désirs ne revêtent une importance qu'assez relative à l'échelle de l'univers... ce qui te permet de lever le pied et de te reposer ! Plus vite tu comprendras le sens de la Maison XII, mieux tu la vivras !

Et si ta Maison n'abrite aucune planète astrologique, rends-toi p. 121.

Si tu as des planètes dans ta Maison XII, est-ce que leurs missions résonnent avec la thématique de cet atelier ? Rends-toi dans ton astrojournal, p. 251.

Les thématiques de la Maison XII te titillent ?
Voici des idées pour t'aider à lâcher prise.

Pourquoi ne pas réaliser un tirage sur le thème du lâcher-prise ? Prends le temps de digérer ce qu'évoquent pour toi les notions d'impuissance, d'abandon, de manque de contrôle et d'échec. Sans vouloir minimiser les épreuves que tu as traversées ou que tu traverses peut-être encore actuellement, sache qu'elles sont relatives : la preuve, la France danse encore au son de cette célèbre chanson populaire de Goldman, Fredericks et Jones : *À nos actes manqués.*

Prendre de la hauteur sur cette thématique permet vraiment de se libérer. Par exemple, l'épreuve de la maladie, aussi terrible soit-elle (soyons honnêtes, on préférerait tous l'éviter), permet aussi de prendre conscience de ses priorités. Les personnes malades ne sont pas davantage mortelles que les bien-portants, mais la prise de conscience des limites de leur corps arrive juste en avance… Puisque, malheureusement, la progression de certains maux échappe à notre contrôle, autant tirer de cette situation douloureuse quelques avantages, comme celui de réfléchir au sens que l'on souhaite donner à sa vie, sans plus attendre.

Dans cet esprit, voici un tirage simple pour t'aider, qui utilise uniquement les arcanes majeurs. Tire trois cartes.

1. Qu'est-ce qui me bloque et me paralyse ?
2. Que dois-je abandonner pour aller de l'avant ?
3. Que va m'apporter cette épreuve ?

2 : carte du **passé** **1 :** carte du **présent** **3 :** carte du **futur**

Si le tarot n'est pas ta tasse de thé, tu peux voir ou revoir la Chambre des officiers, *de François Dupeyron, qui conte la convalescence de soldats blessés lors de la Première Guerre mondiale (plusieurs étant des gueules cassées). L'hôpital les garde à l'écart de la vie active, mais leur permet aussi de faire le point sur ce qu'ils doivent abandonner de leur vie passée.*

- VI -

Les aspects planétaires

ÉTABLIR UN DIALOGUE ASTROLOGIQUE

Tes astres ont été identifiés, ainsi que leur position dans la Maison et le signe dans lesquels ils se trouvent. Prends un moment pour t'approprier ta carte : quels signes et quelles Maisons sont particulièrement sollicités chez toi ? Est-ce que la position d'un astre en particulier t'a interpellé ?
Il serait possible de s'arrêter là, tant les informations sont nombreuses et riches à décortiquer ! Pourtant, une carte n'est complète que si l'on inclut les aspects planétaires, c'est-à-dire les aspects que les astres forment entre eux dans une carte. Il s'agit de voir quelles planètes s'entendent bien d'emblée, et lesquelles ont des difficultés à coopérer. Comme dans n'importe quel groupe, certaines deviennent amies immédiatement — elles s'entendent bien et travaillent ensemble sans problème —, alors que, pour d'autres, le dialogue est plus compliqué ! Elles parlent en même temps, se coupent la parole et finissent parfois par marcher sur les plates-bandes de l'autre...

Les aspects illustrent donc les dynamiques et les tensions qui rythment ton existence. Certains viennent à ta rescousse : faciles à vivre, ils agissent comme des coups de pouce, parfois même comme de bons génies prêts à t'accorder deux ou trois vœux ! D'autres aspects peuvent être plus difficiles à appréhender : ils indiquent tes dilemmes intérieurs et tes conflits relationnels. Mais pas de panique : il est toujours plus facile d'abattre l'ennemi quand on connaît ses mécaniques et qu'on a identifié ses ressources... sans compter qu'un thème sans tension ne pousse pas à sortir des sentiers battus. Au contraire, en l'absence totale de questionnement ou de contraintes, on a parfois tendance à se reposer sur ses lauriers. Rappelons qu'une carte n'est jamais foncièrement bonne ou mauvaise : tout dépend de ce qu'on en fait et de la manière dont nous illustrons notre profil astrologique par nos choix et par nos actions.

Comme il n'existe pas de mauvais élément, de mauvais signe ou de mauvaise planète, ta carte n'a pas forcément fait ressortir tes contradictions internes jusqu'à maintenant. Ce sont les aspects planétaires qui vont te renseigner à ce sujet. Bien sûr, il n'existe pas non plus de « mauvais » aspect qu'on ne saurait sublimer : certains aspects inconfortables nous sont salutaires, car ils nous dynamisent et nous poussent hors de nos zones de confort, mais ils nous renseignent aussi sur nos possibles dysfonctionnements, nos douleurs et nos zones d'ombre.

* Ton thème comporte beaucoup d'aspects différents : il s'agira d'identifier chacun, car peut-être éprouveras-tu des difficultés à sentir que l'un ou l'autre ressort particulièrement dans ton existence.

* Ton thème comporte peu d'aspects différents, peut-être même un seul aspect : il s'agira d'approfondir ta réflexion autour de cette dynamique, qui est d'autant plus complexe qu'elle est la seule à provoquer du mouvement dans ta carte et dans ton existence.
* Ton thème ne comporte aucun aspect confortable : pas de panique, tu possèdes sûrement les qualités des signes du Zodiaque en action dans ta carte.
* Ton thème ne comporte aucun aspect inconfortable : peut-être dois-tu te faire violence pour te challenger et sortir de ta zone de confort.

LES ASPECTS CONFORTABLES

La conjonction ☌ = les inséparables

Quand deux planètes sont situées « au même endroit » (jusqu'à 7° de différence), elles sont conjointes : depuis la Terre, on a l'impression qu'elles ne forment qu'une. Cela signifie qu'elles unissent leurs forces ; elles se tiennent par le bras et il est impossible de les séparer. Leur position commune accentue l'importance de la Maison et du signe dans lequel elles se situent. Ce n'est ni une bonne chose ni une mauvaise, mais tu peux garder en tête que leurs quêtes font cause commune chez toi.

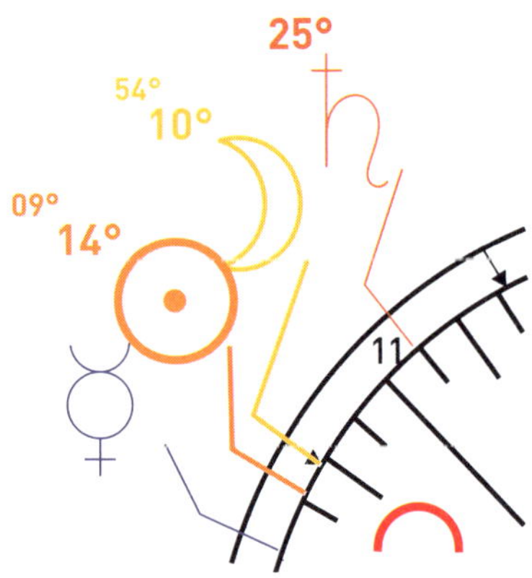

Exemple : la Lune et le Soleil sont en conjonction, à 4° de différence. Ils se situent probablement dans la même Maison et dans le même signe. Leurs missions sont donc indissociables : la fabrique des émotions et l'idéal de réussite ne peuvent être séparés.

Thème de Charlize Theron

La Lune se trouvant à 10° en Lion et le Soleil à 14° en Lion, ils sont séparés par 4° et sont donc conjoints, dans le signe du Lion et en Maison XII. Les deux Luminaires sont inséparables : ils s'imprègnent tous deux de l'énergie rayonnante et souveraine du Lion. En effet, Charlize Theron s'est imposée en icône ultra-glamour, toute d'or vêtue... Mais, en Maison XII, il lui a fallu redéfinir ce statut de starlette de luxe. L'actrice est désormais réputée pour ses rôles profonds et graves, qui ne flattent pas son aura éclatante, comme dans Monster, la Route *ou* Young Adult.

Le trigone △ = l'alliance fructueuse, la synergie

Quand deux planètes sont situées à 120° l'une de l'autre (et jusqu'à 7° de différence), elles se situent en trigone : cet aspect est considéré comme le plus favorable. Il apporte de la facilité, des opportunités, une fluidité, de la prospérité, une belle synergie entre deux (ou plusieurs !) astres. Généralement, il s'agit d'une alliance entre deux planètes situées dans deux signes du même élément, ce qui explique que leurs énergies aient des similarités et des objectifs communs.

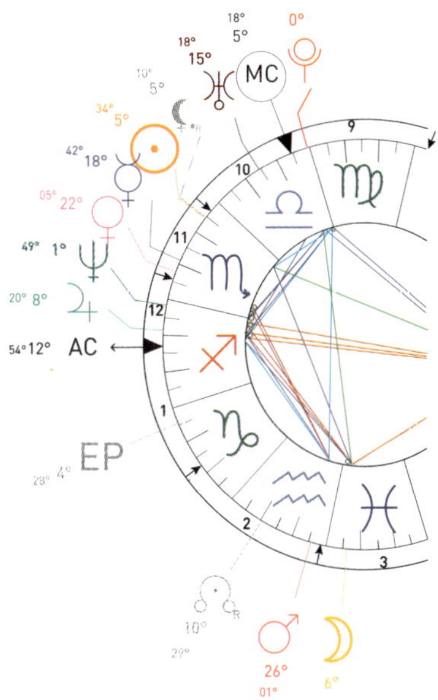

Exemple : la Lune et le Soleil sont en trigone, à 121° de différence. Ils se situent probablement dans deux signes qui appartiennent au même élément (Feu, Terre, Air ou Eau). La fabrique des émotions et l'idéal s'entendent extrêmement bien en dépit de leurs ateliers différents, et ils vont travailler ensemble.

Thème de Winona Ryder

Le Soleil se trouve en Maison XI à 5° du Scorpion, la Lune se trouve en Maison III à 6° des Poissons. Séparés par 121°, ils sont en trigone, une configuration parfaite pour une actrice : la Lune, intuitive, s'imprègne d'une large palette d'émotions (Poissons) et œuvre dans la Maison III, l'atelier de la communication horizontale. Elle collabore avec l'ambition solaire, qui tend à se réinventer et à faire table rase en Maison XI, l'atelier des réseaux et des collaborations : après des passages à vide, l'actrice a su renouer des liens avec la profession qui l'avait mise à l'écart et émouvoir le public grâce à ses rôles dans Black Swan *et* Stranger Things.

Le sextile ✳ = l'opportunité, l'entraide
Lorsque deux planètes sont situées à 60° l'une de l'autre (et jusqu'à 7° de différence), elles se situent en sextile : il s'agit d'une bonne entente, d'une cohésion fluide entre elles. Le Zodiaque se divisant en six, il s'agit d'un aspect réunissant généralement un signe de Feu avec un signe d'Air ou un signe d'Eau avec un signe de Terre. Le sextile est un aspect mineur : il dirige notre attention sur des occasions à ne pas laisser passer, des talents à développer sans procrastiner.

Exemple : la Lune et le Soleil sont en sextile, à 61° degrés. Il se pourrait que, pour faire briller le Soleil et concrétiser sa volonté, la Lune doive développer une activité en rapport avec son imagination et sa sensibilité.

Thème de Vénus Williams

Le Soleil en Maison IX à 26° des Gémeaux forme un sextile avec la Lune en Maison XI à 27° du Lion. Le tennis est un sport très marqué Gémeaux : la balle se dirige d'un adversaire à l'autre, et le spectateur passe son temps à tourner la tête pour suivre la joute… Pour une carrière de sportive mondialement reconnue, il fallait bien une alliance avec une Lune en Lion capable d'attirer l'attention et de la garder !

LES ASPECTS INCONFORTABLES

Le carré □ = le conflit

Lorsque deux planètes se trouvent à 90° l'une de l'autre, elles se trouvent en carré. Cela signifie que la tension est à son paroxysme, à tel point qu'il te faut agir ! S'il est synonyme de crise, il a le mérite de te pousser à trouver une solution pour résoudre ce conflit intérieur, cette frustration qui te déséquilibre. Le carré te propose un défi : ne te laisse pas abattre, retrousse tes manches et confronte-toi à cette zone d'ombre !

Exemple : la Lune est en carré au Soleil. Ton émotivité et ton idéal se contredisent : peut-être que tes émotions ont tendance à te submerger, bloquant ton processus de maturation, ou, à l'inverse, que tes émotions bloquées ne correspondent pas à tes aspirations. Quels sont tes mécanismes de blocage ? Comment améliorer cette tension ? Comment vivre mieux ? Il ne sert à rien de fuir : plus tu t'y confronteras, peut-être avec l'aide d'un thérapeute, mieux tu vivras cet aspect inconfortable.

Thème de Reese Witherspoon

La Lune se trouve en Maison V à 2° du Capricorne et le Soleil en Maison IX à 2° du Bélier : ils sont séparés par 90° et forment un aspect en carré. L'énergique et impulsive Reese exprime souvent sa déception à la réception de scripts mettant si peu de rôles féminins en valeur. De moins en moins à l'aise avec des collaborateurs effrayés par son audace et son leadership (de Bélier), elle a créé sa propre maison de production. Sa Lune en Capricorne réclame du concret et une sensation de contrôle pour se sentir en sécurité : devenir productrice afin de gérer des projets de A à Z semble tout indiqué, d'autant plus que l'astre œuvre en Maison V, celle de la création.

L'opposition ☍ = l'ambivalence

Lorsque deux planètes se trouvent à 180° l'une de l'autre, elles sont diamétralement opposées. Quand surgit le terme « opposition », le mot « contraire » rejoint vite le champ lexical associé, ainsi que l'idée d'une dualité avec laquelle on ne pourrait pas composer : une séparation irrévocable. Or, dans le Zodiaque, les signes en opposés polaires forment des couples. Se faisant face dans le cercle, c'est comme s'ils parvenaient à peine à se frôler les doigts même en se hissant de toute leur force pour atteindre l'autre bout du ciel !

Le Zodiaque est divisé en six paires. Bélier-Balance, Taureau-Scorpion, Gémeaux-Sagittaire, Cancer-Capricorne, Lion-Verseau et Vierge-Poissons se trouvent tous à six cases d'intervalle. Chaque paire partage le même objectif, mais ses deux composants choisissent chacun une stratégie différente pour y arriver. Ce n'est qu'en unissant leurs forces qu'ils peuvent se compléter et parvenir totalement à leur but.

Deux planètes en opposition dans un thème répondent à ce même questionnement : elles peuvent avoir l'impression qu'elles n'arriveront jamais à se déchiffrer ou même à coexister, et pourtant… L'opposition nous questionne sur les zones inconfortables en soi, que l'on a tendance à projeter sur les autres lorsqu'on n'a pas œuvré pour la conscience lucide de ses propres vulnérabilités. Or, comment résout-on un conflit ? Par le dialogue ! Elles doivent comparer leurs intérêts pour trouver une solution commune.

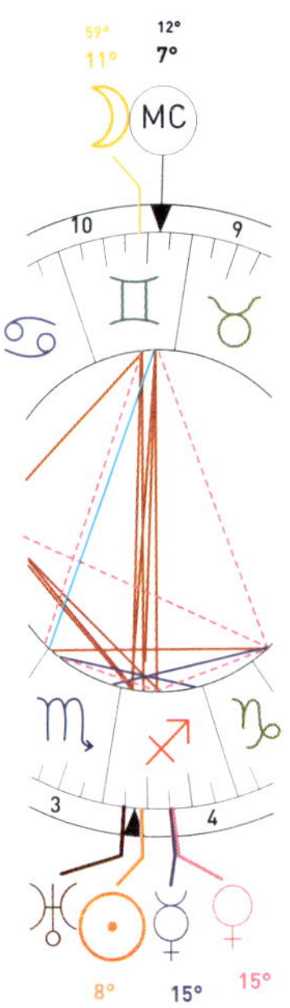

Exemple : le Soleil et la Lune sont opposés dans deux signes opposés mais complémentaires. Les deux nourrissent le même but, mais adoptent des comportements différents. S'ils semblent se contredire au premier abord, en réalité ils se complètent. Il s'agit pour toi de dépasser cette première impression contradictoire pour comprendre pleinement que les deux souhaitent collaborer.

Thème de Janelle Monae

Actrice, chanteuse, danseuse, performeuse, créatrice d'albums concepts, activiste… Une multi-casquettes, voilà qui rassure une Lune à 11° du signe des Gémeaux ! Une Lune curieuse et effervescente, qui œuvre dans l'atelier de l'ascension sociale de la Maison X. Elle est opposée au Soleil, à 8° du Sagittaire, en Maison IV. Janelle défend fermement ses opinions politiques et philosophiques, relatives à la représentation de la culture noire, des femmes et de la communauté LGBT. Mais ses astres collaborent : au lieu d'être partagée entre ses fermes convictions d'un côté et son besoin de légèreté de l'autre, elle transforme ses performances en tribunes politiques et diffuse ainsi largement ses messages, tant par ses rôles que par ses paroles, ses clips et ses déclarations sur les réseaux sociaux !

« Au secours ! Je n'arrive pas à déduire quoi que ce soit de mes alliances ou de mes conflits planétaires… »

Pas de panique, tu n'es peut-être simplement pas prêt à envisager certaines dynamiques. Réfléchis-y à tête reposée : tu peux laisser décanter, et le brouillard se lèvera sûrement tout seul à un moment ou à un autre ! Quelques pistes, néanmoins…
Si deux planètes sont en opposition ou en carré, il est fort probable que l'une prenne l'ascendant sur l'autre. Par exemple, une Lune opposée à Vénus pourrait bien éclipser cette dernière : l'énergie de Vénus serait endormie en toi, car elle laisse toute la place à la planète créatrice d'émotions. Autre exemple, Pluton pourrait dominer une Vénus en carré avec lui : Pluton est un astre de destruction, son réflexe serait alors de saboter l'astre de tes valeurs et de ta sensibilité. Mais, dans ces deux cas, peut-être Vénus possède-t-elle des alliés qui s'unissent à elle (en conjonction, par exemple) et parviennent à mater les deux astres cités ci-dessus.
Encore une fois, chaque carte est unique et mérite d'être analysée avec attention, alors ne perds pas espoir, ni patience : le temps t'aidera à démêler la compréhension de tous ces aspects !

Quels sont les aspects de ta carte ?

Sur Astrotheme, il suffit de cliquer sur la planète pour que ses aspects soient résumés en toutes lettres, ce qui facilite la vie aux débutants ! Trace-les sur ton poster.

* *Commence par les aspects positifs (trigones et sextiles), en bleu sur Astrotheme. Pas la peine de vouloir respecter un degré précis : l'important est que tu fasses apparaître la relation entre les deux planètes. Si ta Lune et Vénus forment un aspect de ce genre, trace un trait entre elles deux à l'aide d'une couleur qui t'évoque la paix et l'harmonie.*
* *Continue avec les aspects inconfortables, en rouge sur Astrotheme : de la même manière, l'important est de mettre en relief la dynamique entre les astres. Sur ton AstroMap, pas la peine de respecter les degrés : il s'agit pour toi de mémoriser les dynamiques de ta carte.*
* *Si tu possèdes des aspects similaires entre des amas de planètes situés dans les deux mêmes signes (par exemple un Soleil et une Lune en Vierge formant un aspect avec Uranus et Neptune en Capricorne) : trace un seul trait. L'important pour toi est de te rappeler ce jeu de ping-pong facilitant ou stressant entre ces deux signes.*

Mes dynamiques planétaires

Quelles sont les dynamiques qui te portent et celles qui te freinent ? De quelle alliance planétaire bénéficies-tu ? Note les conjonctions (planètes inséparables), les trigones (les alliances fructueuses), les sextiles (les opportunités). Quelles sont celles que tu peines à apprivoiser ? Note les carrés (conflits entre deux planètes, et les oppositions (ambivalence...). *Rends-toi dans ton astrojournal, p. 253.*

- VII -

Dessine ton AstroMap !

Tu possèdes désormais toutes les clés pour construire ton récit astrologique ! Au fil des pages, tu as :

* découvert tes planètes en signe et leurs éventuelles dignités ;
* observé les signes habitant tes Maisons ;
* étudié tes planètes situées dans les Maisons ;
* analysé les aspects de tes planètes entre elles.

Ta carte détachable, customisée par tes soins, peut servir ta mémoire visuelle : il te suffira de la déplier pour te rappeler ce qui t'avait marqué lors de ta lecture. Elle peut aussi devenir le support de ton expression créative : ta carte est infiniment personnelle, c'est un reflet de toi, de ta personnalité et de tes enjeux.
À ce stade, tu as déjà complété ta carte :

* du numéro des Maisons ;
* de la thématique des Maisons ;
* du ou des signes qui habitent tes Maisons, à partir de ta ligne d'Ascendant (voir « La roue du Zodiaque », p. 26) ;
* des planètes dans chacune de leur Maison ;
* des aspects planétaires qui te parlent le plus dans le centre de la carte (voir p. 205).

Si tu ne l'as pas déjà fait au fur et à mesure de ta lecture, tu peux à présent y reporter, tracer, dessiner ces principales informations.
À présent, tu peux t'approprier ta carte totalement, soit en y reportant les notes qui te semblent le plus pertinentes, soit en profitant de l'espace libre pour dessiner, colorier, coller… Use de ta créativité.

Toutes ces informations que tu as glanées dans ton astrojournal peuvent être synthétisées dans le tableau p. 254, qui résume ta carte du ciel. Rends-toi dans ton astrojournal…

Relis toutes tes notes, imprègne-toi de ce que tu as appris. Prêt(e) pour compléter et personnaliser ton AstroMap ?

C'EST À TOI !

- Inscris les mots-clés du ou des signes qui habitent tes Maisons et qui te semblent pertinents.
- Si cela t'inspire, colorie cette case à la couleur que tu associes au signe et dessine les symboles qui représentent pour toi la thématique de la Maison en question.
- Inscris les mots-clés des planètes qui habitent tes Maisons, qui te semblent pertinents après avoir réfléchi au placement de tes planètes dans leurs ateliers. N'hésite pas à scinder cette case par des pointillés si plusieurs astres se trouvent au même endroit.
- Si cela t'inspire, colorie cette case aux couleurs que tu associes aux planètes en question et dessine les symboles qui représentent pour toi la mission de ces astres.
- Reporte les aspects planétaires qui te parlent le plus dans le centre de la carte. Si tu te sens à l'aise avec tes crayons, tu peux aussi relier les aspects planétaires par les codes couleur qui te correspondent, à l'extérieur de ta carte, en suivant le contour extérieur de ton thème astral.

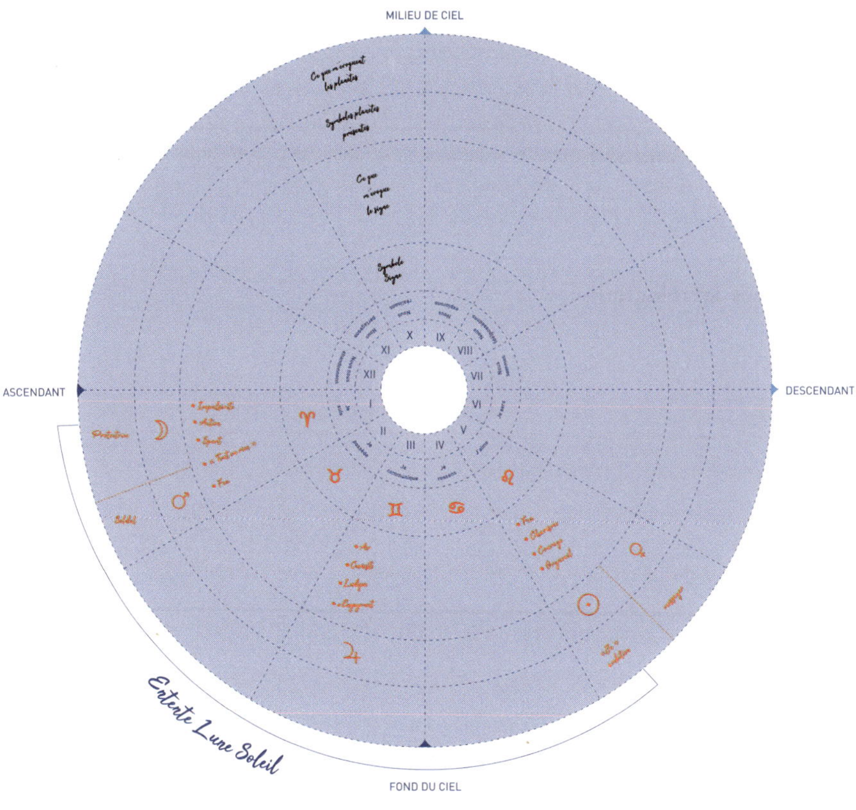

Ton AstroMap est prête !

Tu peux soit la garder rangée dans ce manuel et la déplier lorsque tu réfléchis à toi-même ou que tu as une décision à prendre, soit l'accrocher au mur pour la consulter à toute heure du jour ou de la nuit !

Ton récit astrologique s'affine avec le temps. Tu as osé prendre le chemin de la compréhension de toi, mais les aventures et les épreuves qui surgiront sur ta route te permettront de poursuivre ta quête de sens, et tu les comprendras avec la sagesse de ton âge.

Tu as tracé ta carte : cette feuille de route est destinée à t'accompagner toute ton existence. L'astrologie ne constitue (heureusement !) pas une science exacte : c'est pour cette formidable raison qu'elle n'est ni fataliste ni déterminée à l'avance. Ta grille de lecture astrologique accepte volontiers d'être remise à jour et observée sous une loupe originale. Peut-être l'évidence symbolique d'un aspect que tu ne parviens pas encore à saisir t'apparaîtra soudainement au visionnage d'un film le mettant en scène, au réveil d'une nuit troublée de cauchemars, ou après avoir pris une large bouffée d'air océanique.

Les planètes dialoguent et communiquent, échangent et se contredisent, s'allient et se houspillent. Identifier leurs pactes et leurs rivalités (déclarées ou sous-jacentes) te guide vers le commencement d'une véritable réflexion astrologique car, à l'instar de n'importe quel travail d'introspection, certaines clés protégeront jalousement leur mystère jusqu'à ce que tu sois prêt à découvrir ce que recèle le précieux sésame...

Bonne route astrologique !

- VIII -

Autres destinations...

Un thème particulier pique ta curiosité ? Je te propose de zoomer directement sur ta carte pour collecter des indices qui pourraient te guider ou ouvrir des pistes supplémentaires... Bien sûr, ces pistes ne sont pas exhaustives : car chaque carte est unique et ne peut être véritablement analysée en profondeur qu'à la lumière de tes pensées, de ton ressenti, de tes références et de ton parcours propre. Ton récit astrologique n'est pas figé : il va s'affiner au fur et à mesure de ta vie et des nouvelles étapes qui t'attendent sur ton chemin. On redécouvre sa carte tout au long de son existence, et plus on vieillit, meilleur astrologue on devient...

ASTRO-ÉMOTIONS

OÙ TROUVER DES INFORMATIONS SUR TA VIE ÉMOTIONNELLE DANS TA CARTE ?

* La Lune, bien sûr, correspond à ta fabrique d'émotions brutes, ni polies ni vernies par un processus quelconque.
* La Maison IV est un atelier introspectif contenant de nombreuses informations sur la façon dont tu as vécu ton enfance ou dont tu sens encore la répercussion de ton histoire familiale sur ta vie psychique.
* La Maison VIII t'invite à vivre tes émotions, même les plus dures et les plus douloureuses, pour développer tes forces et te métamorphoser.
* La Maison XII te propose d'apprivoiser ta vie psychique en t'accordant des temps de repos, de retraite et de méditation.
* Un carré entre la Lune et Jupiter induit souvent une hypersensibilité.

ASTRO-BOULOT

OÙ TROUVER DES INFORMATIONS SUR TON RAPPORT AU TRAVAIL DANS TA CARTE ?

De nombreuses planètes peuvent t'entraîner vers telle ou telle profession, tout dépend de leur position sur ta carte, notamment si elles se trouvent dans les Maisons suivantes.

* Maison II : elle peut indiquer un job alimentaire (dans tous les sens du terme), mais aussi, plus largement, la façon dont tu « gagnes ta vie ».
* Maison VI : c'est l'atelier où tu t'emploies à être utile à la société. Il s'agit alors du travail que tu accomplis par sens du devoir et par désir d'apporter ta pierre à l'édifice.
* Maison X : elle te permet de t'accomplir dans la sphère publique. Elle marque le désir de trouver ta voie et de réussir ton ascension dans le collectif.

ASTRO-FAMILLE

OÙ TROUVER DES INFORMATIONS SUR TON RAPPORT À LA FAMILLE DANS TA CARTE ?

* La Lune correspond souvent (mais pas seulement) à ton rapport à ta mère et à la maternité en général, ou à l'adulte qui t'a couvé et protégé au début de ton existence.
* Cérès peut correspondre à la pédagogue qui éduque.
* Le Soleil peut correspondre au père qui rayonne par son activité ou à l'adulte qui, au début de ton existence, t'a inspiré par sa propre réussite.
* Saturne peut correspondre à l'autorité éducative, au parent qui t'a inculqué la discipline et aux grands-parents.
* Mercure et Vénus peuvent correspondre aux frères et sœur.
* La Maison IV te renseigne sur ton histoire familiale, tes racines et la mémoire transgénérationnelle.

ASTRO-COUPLE

OÙ TROUVER DES INFORMATIONS SUR TON RAPPORT AU COUPLE DANS TA CARTE ?

* Si tu recherches un partenaire masculin, prête attention au Soleil et à Mars, qui peuvent le représenter sur ta carte.
* Si tu recherches une partenaire féminine, prête attention à la Lune et à Vénus, qui peuvent la représenter sur ta carte.
* Vénus représente les qualités que l'on valorise chez soi comme chez ceux qu'on aime : localiser le signe dans lequel elle se trouve peut t'aider à les identifier et à comprendre ce qui te plaît, réellement, chez tes partenaires amoureux.
* La Maison VII est l'atelier de notre rapport à l'autre. Elle marque ta ligne de Descendant, ce que tu n'es pas forcément et qui pourrait te compléter. À toi de voir comment le ou les signes habitant ta Maison VII résonnent en toi en ce qui concerne la recherche de partenaires amoureux !

ASTRO-SEXO

OÙ TROUVER DES INFORMATIONS SUR TA SEXUALITÉ DANS TA CARTE ?

- Mars exprime ta libido, ton envie de conquérir et de prendre. Le signe dans lequel il se trouve renseigne l'archétype qui va titiller ton désir, avec ou sans sentiments !
- Vénus tisse tes liens affectifs et amoureux : elle peut donc bien sûr conditionner les rapports sexuels, surtout si tu les envisages uniquement au sein d'une relation amoureuse. Elle donne des informations sur le type de partenaires à qui tu accordes ta confiance, sur les valeurs bénéfiques que tu recherches chez eux.
- Pluton transforme le plomb en or : c'est l'alchimiste qui peut changer les épreuves et les traumatismes sexuels en force de résilience.
- Lilith, ta part d'ombre et de noirceur, porte en elle tes fantasmes et tes désirs inconscients, même ceux qui te hantent et que tu refuserais d'assumer en société.
- La Maison V est l'atelier de tes amours et de tes récréations : elle concerne donc ton activité sexuelle sous l'angle du jeu et du plaisir auto-érotique.
- La Maison VIII considère la sexualité comme un terrain presque mystique où peuvent se jouer tant des rapports de force que des expériences énergétiques, comme le tantrisme.

ASTRO-CRÉATION

OÙ TROUVER DES INFORMATIONS SUR LA RÉALISATION DE TES PROJETS ?

- Le Soleil, bien sûr, qui représente une partie de ton ambition, peut indiquer, par le signe et la Maison dans lesquels il se trouve, la nature de l'œuvre de ta vie.
- De la même manière, la Lune, par le signe et la Maison dans lesquels elle se trouve, renseigne sur la façon dont tu ressens les choses et par quoi tu pourrais aisément trouver l'inspiration.
- Vénus renseigne sur tes goûts esthétiques et les qualités que tu valorises : elle donne des indications sur tes atouts et tes qualités, y compris dans le cadre professionnel et en particulier si ta profession est en rapport avec l'art ou la création.
- Jupiter représente la façon dont tu peux avoir un impact positif dans le collectif et la société : il peut donc te renseigner sur la nature des projets auxquels tu souhaites donner de l'ampleur et où tu pourrais t'épanouir et trouver ta place.
- Les Maisons II, VI et X, toutes relatives au travail et à la concrétisation de tes actions, peuvent aussi abriter des projets qui te permettront de gagner ta vie, de te montrer utile ou de réussir socialement.
- La Maison V est directement relative à la création, mais ce n'est pas le seul endroit à observer ! Pas de panique si tu rêves de publier une saga

en dix tomes ou d'avoir trois enfants et que ta Maison V semble (en apparence) inhabitée. Pour preuve : l'auteure de ce livre, qui produit également un podcast, « crée » du contenu... et pourtant, aucune planète ne se trouve dans sa Maison V !

Une thématique te titille en particulier ? Tu peux croiser les informations glanées en les notant dans ton astrojournal, p. 256.

- IX -

Tes rendez-vous astrologiques

L'univers n'est pas figé : si tu apprends à te découvrir grâce à ta carte de naissance, les planètes astrologiques ne t'ont pas attendu pour poursuivre leur voyage astronomique. Ainsi, l'astrologie au jour le jour se pratique à l'étude des transits planétaires : en passant sur ta carte, les astres vont activer certaines zones astrologiquement marquées le jour de ton arrivée sur terre. Il est pertinent de se familiariser avec leurs danses, appelées « révolutions ».

Tes transits planétaires sur Astrotheme

Pour guetter leurs mouvements, tu peux te connecter à loisir sur Astrotheme, qui affiche toujours, en haut à gauche, l'état du ciel au moment où tu arrives sur la page d'accueil du site. Cela te permettra de te familiariser avec les mouvements évolutifs des différentes planètes astrologiques…

LE BALLET DE LA LUNE : TA SÉCURITÉ ÉMOTIONNELLE, JOUR APRÈS JOUR

La Lune est un astre extrêmement rapide : chaque lunaison compte 29,5 jours. En moins d'un mois, elle parvient à accomplir un tour complet du Zodiaque, car elle ne reste que deux jours dans chaque signe. Chaque mois, il peut être intéressant de vérifier à quel moment elle rejoint sa position natale, c'est-à-dire le signe dans lequel elle se trouvait à ta naissance : tu pourrais te sentir plus aligné avec tes émotions à ce moment précis.

Surtout, son actualité astronomique, notamment les périodes d'éclipse, peut être bouleversante pour peu qu'elle concerne un axe du Zodiaque déjà activé sur ta carte par la présence d'autres planètes. Une éclipse lunaire fera ressurgir des dynamiques inachevées. Par exemple, si sur ta carte une planète se situe en Cancer ou en Capricorne, une éclipse se déroulant dans l'un ou l'autre de ces signes doit attirer ton attention : quelles Maisons, quels ateliers seront sollicités par cette éclipse ?

Son cycle se divise de la manière suivante.

* **Pendant la nouvelle lune,** le satellite est difficilement visible car, à ce stade, il se trouve à un point équidistant du Soleil et de la Terre, or l'étoile gigantesque l'éclaire tant qu'on peine à l'observer. On considère la nouvelle lune comme une phase d'ouverture, de lancement, d'initiation, d'entreprise. Le cycle est marqué par le renouveau, tu peux donc profiter de sa fraîcheur et de son énergie régénérée. Suis le signe dans lequel se produit cette nouvelle lune : si c'est un signe lié à des thématiques de ta carte qui te parlent particulièrement, l'occasion sera propice pour formuler tes souhaits dans ce domaine. Par exemple, si ta Maison X se trouve en Cancer, une nouvelle lune en Cancer peut être le bon moment pour énoncer tes vœux quant à la tournure de ton ascension sociale et professionnelle.

* **Le premier quartier, ou demi-lune,** correspond à une phase de prise de décision : c'est la continuité des intentions et du projet dessinés en nouvelle lune.

* **La pleine lune** nous offre un visage intégralement éclairé du satellite. C'est « l'heure de vérité », un moment d'évaluation : nos émotions, nos échecs et nos victoires sont mis en lumière. La pleine lune est considérée comme une étape astrologique importante : le signe dans lequel elle a lieu peut considérablement éclairer des dynamiques de ta carte, à condition que tu acceptes de te laisser porter par ton intuition et ton ressenti intérieur. Il s'agit d'accepter la révélation émotionnelle apportée par cette étape, d'accueillir les messages que tu peux recevoir du monde extérieur afin de comprendre dans quel état émotionnel tu te mettais jusqu'à présent, et de réévaluer ta situation avec clairvoyance et lucidité.

* **Le dernier quartier** t'invite à méditer et à te réorganiser : comme pour le dernier signe du Zodiaque, les Poissons, ou comme la Maison XII, il s'agit d'apprendre à lâcher prise. Pendant le dernier quartier, on est amené à réfléchir sur nos actions et nos ressentis, quitte à se laisser démoraliser ou à critiquer sévèrement ce qu'on a jusque-là accompli. Pourtant, nous avons tout à gagner à tirer les leçons de nos erreurs ou de nos vulnérabilités, pour s'en dégager véritablement en les laissant derrière nous.

La Lune influence particulièrement ton état émotionnel

La Lune peut causer un bouleversement psychique sans qu'aucun événement extérieur ne surgisse pour t'affecter particulièrement. Cela peut concerner ta sphère familiale, amicale, amoureuse, professionnelle... C'est l'astre des prises de conscience, qui amène un changement de ta musique intérieure.

LA RÉVOLUTION SOLAIRE : LA PROGRESSION DE TON IDÉAL, ANNÉE APRÈS ANNÉE

La carte de ton ciel natal n'a plus de secret pour toi ? Formidable ! Tu vas maintenant pouvoir interpréter, à chacun de tes anniversaires, ta révolution solaire. Si tu as enregistré ton profil de naissance sur Astrotheme, le site te propose d'ailleurs un calcul automatique de ta révolution solaire afin de te simplifier le travail. Dans la colonne de gauche, tu trouveras la rubrique « Calculer sa révolution solaire » : tu entres à nouveau tes coordonnées de naissance, ainsi que le lieu où tu as passé ou passeras ton prochain anniversaire. Le logiciel va calculer l'état du ciel au moment où le Soleil occupe la même place dans le ciel qu'à ta naissance. Cette carte de révolution solaire détermine tes dynamiques pour l'année à venir, jusqu'à ton prochain anniversaire. Elle s'analyse comme une carte de naissance : c'est une autre carte du ciel, tout simplement, qui répond aux mêmes outils d'analyse que sont les Maisons, les signes, les planètes…
Si consulter un ou une astrologue te permettra de comparer ta carte natale avec celle de ta révolution solaire, tu peux déjà prendre des notes sur l'année en cours ou à venir.

- Ton Ascendant indique le tempérament avec lequel tu traverseras l'année.
- Ton Milieu du Ciel indique la progression de tes ambitions sociales et publiques, de ta carrière et de ta construction sociale.
- Si tu as pris assez d'aisance avec l'exercice, tu peux aussi comparer les aspects planétaires des deux cartes. Par exemple, si le signe de ton Ascendant se trouve en Maison V de ta révolution solaire, il n'est pas impossible que ta créativité ou ton désir d'enfant soit décuplés, puisque la Maison I, « je suis », de ta carte natale se superpose à la Maison V, « je crée », de l'année à venir.
- Tu peux aussi noter les planètes qui se démarquent, soit parce qu'elles sont isolées des autres et occupent donc un rôle de balancier qui vient équilibrer la carte, soit par exemple les astres en Maison X, qui attirent ton attention sur les événements qui jalonneront ta vie professionnelle pendant l'année à venir.
- La position du Soleil en Maison t'indique quel domaine de ta vie va profiter de l'ambition solaire. S'agit-il de ta richesse matérielle en Maison II ? De ton sens du foyer en Maison IV ? De tes voyages en Maison IX ? De ta carrière en Maison X ?

Le Soleil, c'est ta soif de victoire

Il souhaite que tu brilles, et peu importe qu'il s'agisse de ta réussite amoureuse, familiale, professionnelle ou financière : cette étoile magnifique exige ton triomphe personnel. Il éclaire donc, pour un an, tes axes de force et ceux de tes faiblesses. Année après année, il désire ta glorieuse progression.

LA VALSE DE JUPITER : TA RÉUSSITE, TOUS LES DOUZE ANS

Jupiter, on l'a vu, est un astre d'intégration sociale et d'épanouissement personnel au sein du collectif. Traditionnellement, on le considère comme le grand bénéfique, qui n'apporte que faste et bonnes nouvelles. En effet, la planète est liée aux périodes d'accroissement et de prospérité, mais aussi aux excès et à la démesure. Néanmoins, il correspond aussi à une élévation de la conscience, à un élargissement des principes et des croyances par le biais de nouvelles perspectives, de nouvelles rencontres.
Il met un an à traverser chaque signe, afin de nous démontrer plusieurs méthodes d'assimilation de l'énergie collective. Comment s'adapter aux nouvelles normes ou idéaux culturels ?
Tu as appris précédemment que, dans ta carte de naissance, chaque Maison était liée à un ou plusieurs signes du Zodiaque. Par exemple, la Maison I se trouve dans le signe du Bélier. Chaque passage (aussi appelé transit) d'une planète en Bélier vient donc titiller la thématique de ta Maison I, l'affirmation spontanée et naturelle de soi-même. C'est pour cela que les astrologues guettent quotidiennement l'état du ciel : non seulement pour dégager des tendances générales, mais aussi pour comprendre comment le ciel actuel influence les cartes de leurs consultants, ou leur propre carte du ciel !
Jupiter, à chaque fois qu'il change de signe, change donc probablement de Maison dans ta carte. Rester attentif à sa chorégraphie, c'est tâcher de comprendre dans quel domaine de ta vie tu pourrais grandir et croître. En analysant les aspects planétaires, on peut aussi dresser les risques du transit jupitérien : il s'agit pour toi de reprendre ton AstroMap pour avoir en tête les aspects confortables et inconfortables de ta carte. Par exemple : si tu possèdes un Soleil en Bélier opposé à une Lune en Balance, et que Jupiter traverse justement le signe du Bélier en ce moment, il vient donner plus d'ampleur à l'opposition, présente dans ta carte de naissance, entre le Soleil et la Lune.

Connecte-toi sur Astrotheme et regarde dans quel signe se trouve Jupiter actuellement. Regarde ensuite dans quelle Maison de ton thème de naissance se trouve ce même signe. Quelle thématique Jupiter vient-il solliciter chez toi ?

- **En Maison I,** il s'agit d'un cycle de croissance personnelle qui augmente ton sentiment intérieur de liberté : c'est ce qui se produit dans les douze ans. Le risque est de te reposer sur tes lauriers et de te montrer trop indulgent avec toi-même.

* **En Maison II,** il s'agit d'augmenter ta croissance matérielle et de bénéficier d'opportunités pour amplifier ta fortune. Le risque est de dépenser plus que ce que tu as anticipé, et de surestimer la valeur de tes possessions.
* **En Maison III,** des opportunités se présentent dans le domaine des apprentissages et des déplacements. Ta communication est fluide, ouverte, aisée. Le risque, c'est de te perdre en te dispersant.
* **En Maison IV,** on parvient à faire grandir son sentiment de sécurité intérieure : construire son propre foyer paraît plus facile, car on apprend à affirmer nos envies et nos émotions. Le risque, c'est que tu sois submergé par ce désir de construire à tout prix ta propre maison.
* **En Maison V,** un transit jupitérien activera les envies de relations amoureuses, de création artistique ou le désir d'enfant. Le risque, c'est de te perdre dans la passion et les récréations.
* **En Maison VI,** Jupiter dynamise les tâches quotidiennes en te conférant son enthousiasme pour les réaliser ! Le risque, c'est le surmenage et les excès dans ta pratique du sport et des régimes alimentaires.
* **En Maison VII,** Jupiter vient légaliser les unions et les partenariats. Cela peut stimuler les envies de couple : selon les aspects, cela peut aussi amener litiges, divorce et séparation.
* **En Maison VIII,** il peut s'agir de l'obtention d'un héritage, ou tout simplement d'un regain d'intérêt pour la psychologie, les sciences de l'occulte et de l'invisible. Le risque, c'est justement la perte d'un argent que tu n'aurais pas gagné par tes propres talents, ou une épreuve d'ordre transgénérationnel ou psychanalytique.
* **En Maison IX,** le transit de Jupiter peut te pousser vers de lointains horizons et te faire gagner en sagesse. Les risques sont essentiellement dus à de possibles aspects inconfortables avec d'autres astres.
* **En Maison X,** il s'agit d'opportunités professionnelles, telles qu'une promotion ou une proposition à plus haute responsabilité. Le risque, c'est l'addiction au travail !
* **En Maison XI,** le transit concerne ton implication accrue dans le domaine associatif, politique, culturel ou social. Les risques sont essentiellement dus à de possibles aspects inconfortables avec d'autres astres.
* **En Maison XII,** Jupiter agit comme un protecteur de ta santé et de ton inconscient ! Il t'aide à surmonter les possibles épreuves pour t'en tirer au mieux.

Jupiter représente ton épanouissement

Tous les douze ans, lorsqu'il revient à sa position initiale dans ton thème (dans le même signe, et donc dans la même Maison), Jupiter t'engage à faire le point sur ton potentiel et ce que tu pourrais entreprendre pour augmenter ton bonheur, ta fortune, ton bien-être, ta gloire.

LA MARCHE DE SATURNE : TES BILANS, TOUS LES TRENTE ANS

Saturne met trente ans à traverser la roue du Zodiaque : cela correspond aux fameuses étapes de la trentaine et de la soixantaine, qu'on appelle les « retours saturniens ». La planète te fait ressentir le manque et la frustration, comme si elle t'interdisait quelque chose afin de te pousser à prendre tes responsabilités et à développer une force intérieure qui t'empêchera de dépendre des autres. Selon les aspects de ta carte, cela peut se dérouler avec pertes et fracas, ou simplement pérenniser ce qui marche déjà dans ta vie. Garder un œil sur la marche saturnienne peut permettre de relativiser : dans le Zodiaque, l'adage « la roue tourne » prend tout son sens ! Si le passage de Saturne te confronte à des renoncements particulièrement sévères et durs, garde en mémoire que cela ne durera que trois ans au maximum. De plus, Saturne n'est pas là pour te punir, mais pour t'amener à te délester de ce qui ne t'apporte qu'un faux confort et qui te tire vers le bas. Saturne structure : en transit, il restructure, ce qui n'est pas toujours agréable, mais nécessaire et propice à une vision à long terme.

Connecte-toi sur Astrotheme et regarde dans quel signe Saturne se trouve en ce moment. Comme pour Jupiter, fais le lien avec ta propre carte de naissance : quelle place ce signe occupe-t-il sur ta carte ? Il est situé dans quelle Maison ? Abrite-t-il des planètes formant des aspects confortables ou inconfortables ?

* **En Maison I,** un transit saturnien t'amène à faire preuve d'introspection, à redéfinir ton identité pour devenir plus responsable et construire une image de toi plus mature.
* **En Maison II,** Saturne redéfinit ton rapport au matériel et t'invite à compter tes richesses intérieures et extérieures afin d'en faire l'inventaire. Il s'agit d'améliorer l'usage que tu en fais et de t'amener à être plus soigneux. Ce transit peut influer sur ton niveau de vie, sur ton corps (qui est ton premier bien matériel, rappelons-le) et sur la manifestation de tes talents.
* **En Maison III,** un transit saturnien redéfinit ta manière de communiquer et de considérer ton environnement. Il peut t'amener à compléter tes apprentissages, tes études, tes formations.
* **En Maison IV,** Saturne redéfinit ta notion de foyer, de sécurité et de famille. Il peut donc décontenancer ton centre, ta stabilité, ton ancrage, mais aussi t'amener à déménager et à changer de domicile, ce qui pourrait bousculer tes points de repère.
* **En Maison V,** le transit saturnien redéfinit le pouvoir de création et la manifestation de l'amour et des passions. L'astre peut prendre le rôle de directeur des travaux en

insufflant plus de discipline dans le processus créatif, ou, si tu peines à te montrer authentique, engendrer des frustrations dans tes relations affectives.

* **En Maison VI,** Saturne redéfinit les contours de ta vie quotidienne. Organisation du travail, routine sportive, régime alimentaire... Il s'agit de dessiner une structure plus saine et bienfaisante pour ta santé, même si cela induit davantage de rigueur et de règles à respecter. Refuse de te placer en victime que l'on contraint : il ne sert à rien de résister à la leçon saturnienne ! Comprends son message afin de ne pas t'embourber dans une sensation de blocage.
* **En Maison VII,** le transit redéfinit ton rapport aux concessions qu'il faut accepter de faire au sein de tes relations. Il s'agit de comprendre la portée de ton engagement, d'apprendre à faire des efforts pour laisser la place à l'autre dans son authenticité, tout en étant toi-même intègre. Si tu t'obstines à refuser l'ouverture, la grande faux de Saturne pourrait bien emporter des partenariats fragiles sur leurs bases !
* **En Maison VIII,** Saturne redéfinit ta capacité à te transformer intérieurement, ainsi que ton rapport à la mort et à ta mortalité. Il s'agit de troquer la dépendance pour l'interdépendance, le chagrin du deuil qui ronge pour la sublimation du deuil qui enrichit.
* **En Maison IX,** Saturne redéfinit le sens que l'on donne à l'existence (vaste programme) : ton approche philosophique ou religieuse de la vie pourrait évoluer et élever ta compréhension de l'univers et ton niveau de conscience.
* **En Maison X,** le transit saturnien redéfinit les responsabilités du rôle confié par le Milieu du Ciel, ton rapport à ta propre autorité, à ta personnalité publique et à ton niveau de vie sociale. Si tu n'es pas aligné avec ta carrière, cela pourrait entraîner des changements drastiques dans ta manière de procéder ou dans ta trajectoire professionnelle.
* **En Maison XI,** Saturne redéfinit ta place et ta dynamique dans le groupe. Quel est l'idéal que tu souhaites poursuivre au sein du collectif ? Il s'agit de rester intègre socialement, et d'effectuer les changements qui s'imposent au niveau de tes amitiés ou de ta citoyenneté.
* **En Maison XII,** Saturne te pousse à la retraite, à l'isolement, à la solitude, tous nécessaires pour effectuer un bilan sans te disperser et sans fuir en avant. Il s'agit de clore ce qui doit l'être.

La structure au long terme de Saturne

Saturne est représenté par une faux, ce n'est pas pour rien ! S'il estime que tu t'encombres, il fauche ce qui est superflu et te débarrasse. Si tu paniques à l'idée de manquer de quelque chose ou de quelqu'un, c'est que tu es encore trop immature : il faut te résoudre à te suffire à toi-même. Tous les trente ans, l'astre t'invite à effectuer un inventaire de ce que tu es, ce que tu fais, ce que tu as... et à jeter les encombrants !

LES RÉTROGRADATIONS : LES TEMPS DE PAUSE À T'ACCORDER

Qu'est-ce qu'une rétrograde ? Il s'agit d'un phénomène bien particulier : depuis la terre, une planète semble ralentir, s'arrêter et repartir en sens inverse. Marche arrière toute ! Puis, après quelques semaines ou quelques mois, elle se stabilise à nouveau et reprend sa course directe. En vérité, les planètes n'effectuent aucun *moonwalk*, mais les rotations de certains astres engendrent cette illusion d'optique (c'est comme une voiture que l'on dépasse : on a l'impression qu'elle fait marche arrière, alors c'est juste nous qui accélérons). Le sigle « R » à côté d'une planète indique que celle-ci était en phase de rétrogradation au moment représenté par la carte.

« Au secours, j'ai des planètes en rétrograde dans mon thème natal ! »

Est-ce grave, docteur ? Eh bien non ! Des planètes lourdes, telles que Neptune, Uranus et Pluton, sont en rétrograde 40 % du temps. Une personne sur cinq naît en rétrograde mercurienne, et une personne sur quinze en rétrograde vénusienne. Rien de tragique, donc !

Astrologiquement parlant, qu'est-ce que ça signifie ? Dans un thème natal, l'énergie de la planète se libère plus difficilement, ou du moins de manière plus intériorisée et introvertie. L'expression de l'énergie sera moins évidemment perçue par l'entourage.
Les périodes de rétrogradation, quant à elles, nous invitent à davantage d'introspection plutôt qu'à la prise de décision.
Connecte-toi sur Astrotheme et regarde si une ou plusieurs planètes sont actuellement en rétrograde, et si oui, dans quel signe. Comme pour Jupiter et Saturne, effectue la correspondance avec les signes dans ta carte de naissance et les Maisons qu'ils habitent. Quelles thématiques sont titillées par ces rétrogrades dans ta carte ?

Mercure rétrograde ☿

Mercure rétrograde peut engendrer une parole moins aisée, des hésitations d'élocution ou un manque de confiance dans la capacité d'apprentissage, mais il ne nuit pas à l'intelligence.

Mercure rétrograde tous les 4 mois, pendant environ 3 semaines : il s'agit d'un phénomène relativement fréquent. Pendant cette période, accepte que ta communication puisse manquer de pertinence ou cafouiller (envoi de mails précipités, erreurs de numéro...), que les transports fassent des erreurs ou subissent des retards, que les contrats n'aboutissent pas à temps... Au lieu d'aggraver ta nervosité face à ces multiples accrocs, fais preuve d'humilité et lâche prise ! Soit tu attends une période plus propice à tes échanges, soit tu apprends à redoubler de prudence lorsque tu t'exprimes... Tourne bien la langue dans ta bouche avant de parler, prends le temps de te relire et vérifie que ton mail n'est pas resté bloqué dans la boîte d'envoi avant de t'inquiéter du manque de réponse de ton interlocuteur !

Vénus rétrograde ♀

Vénus rétrograde peut alourdir l'expression des sentiments, mais elle ne nuit pas à leur sincérité.

Vénus rétrograde tous les 20 mois pendant 42 jours. Tes relations pourraient être moins épanouissantes, et tes nouvelles rencontres, manquer de sel : profites-en pour te reconnecter à tes valeurs au lieu de multiplier les contacts superficiels.

Mars rétrograde ♂

Mars rétrograde peut engendrer plus de lenteur et de prudence dans le désir d'agir, ce qui est loin d'être une mauvaise chose en soi !

Mars rétrograde 80 jours tous les 2 ans. Il s'agit d'accepter que nos prises de décision soient confrontées à la lenteur générale, ou que nos entreprises partent dans la mauvaise direction à force de foncer tête baissée.

Jupiter rétrograde ♃

Jupiter rétrograde peut causer un épanouissement plus intime qu'extraverti. Cela ne nuit pas à la puissance de l'astre.

Jupiter rétrograde environ 4 mois par an. Mets cette rétrogradation à profit pour redéfinir tes objectifs et ta manière de penser.

Saturne rétrograde ♄

Saturne rétrograde peut appuyer sur cette tendance répandue qui consiste à craindre de prendre ses propres responsabilités.

Saturne rétrograde plus de 4 mois par an. Mets sa rétrogradation à profit pour tester la solidité de tes intentions. C'est le moment idéal pour reprendre un projet abandonné en cours de route en le mettant à la lumière de ta nouvelle lucidité !

Uranus rétrograde ♅

Uranus rétrograde indique une prise d'indépendance plus intériorisée, moins brusque que d'ordinaire avec cet astre.

Uranus rétrograde environ 5 mois par an. Le besoin de liberté peut se ressentir d'autant plus fort qu'on a du mal à dégager ce qui nous serait vraiment bénéfique, mais toutes nos idées sont mises à profit quand Uranus redevient direct ! Il s'agira alors de casser les routines qui paralysent notre rythme quotidien.

Neptune rétrograde ♆

Neptune rétrograde indique une vie intérieure véritablement secrète, profondément intime.
Neptune rétrograde environ 5 mois par an. Au lieu de se réfugier dans la nostalgie, mieux vaut se tourner vers une démarche thérapeutique ou artistique.

Pluton rétrograde ♇

Pluton rétrograde pourrait être plus sage, en privilégiant l'introspection à la destruction agressive de ce qui est périmé.
Pluton rétrograde entre 3 et 7 mois par an. Son énergie est lointaine et difficilement perceptible, mais on conseille souvent d'éviter les prises de décision trop radicales au début ou à la fin de la rétrogradation. Celles-ci pourraient davantage être dictées par une pulsion de faire table rase que par une envie positive de résurrection.

QUELQUES QUESTIONS POUR FINIR EN DOUCEUR...

Carte du ciel ou thème astral ?

« Thème astral » est la locution savante consacrée au portrait astrologique d'une personne, d'un événement ou d'un lieu par rapport à son heure de naissance ou d'arrivée. Une « carte du ciel » peut désigner deux choses : une carte astronomique ou un thème astral. « Carte du ciel » est une expression moins précise, mais plus poétique !

Si chaque carte est unique, qu'en est-il des jumeaux ?

Tout d'abord, des jumeaux peuvent avoir deux cartes différentes pour peu qu'un écart de 10, 15 ou 20 minutes entre leurs naissances soit survenu lors de l'accouchement, ce qui est fréquent. Ce décalage peut changer leur ascendant (ce qui crée un certain décalage dans la domification, et donc dans l'ensemble de leur carte) et, par exemple, la position de la Lune, si ces naissances ont lieu pile au moment où l'astre change de signe. On observe souvent que les jumeaux font des choix similaires et demeurent proches, s'associant même parfois dans le cadre du travail.

Toutefois, on peut incarner la même carte de manière différente. J'invoque l'exemple de ces deux frères jumeaux dotés de la même carte du ciel : possédant tous deux un Soleil et un amas de planètes en Capricorne, l'un s'est dirigé vers une profession de chercheur en physique quantique, tandis que l'autre s'est lancé dans des études de sciences politiques, deux domaines très Capricorne. Chacun nourrit des pensées et des sentiments complexes relatifs à la masculinité et à

la paternité (suite à la perte de leur père survenue brutalement à la fin de leur vingtaine). Si l'un traverse ces réflexions à travers sa relation avec sa compagne, l'autre le fait aussi à la lumière de sa propre histoire avec son compagnon. De l'extérieur, ils mènent donc des vies assez différentes, mais ce sont des dynamiques similaires qui les animent.
Au-delà du fait qu'en quelques heures une carte peut tout à fait changer grâce au processus de domification et au mouvement des planètes rapides, telles que la Lune ou Mercure, chaque carte est véritablement unique puisque nous avons le bonheur de posséder un libre arbitre, une possibilité de choisir d'évoluer, de travailler sur nous, de faire des expériences !

Est-ce que la compatibilité amoureuse existe en astrologie ?
Quelle vaste question ! Elle ouvre plusieurs pistes à la fois…

- On peut parler de compatibilité relationnelle en astrologie : une comparaison de cartes s'appelle une « synastrie ». Il s'agit de réaliser le même exercice que tu viens d'effectuer, mais en double, et de comparer les aspects planétaires entre les deux cartes. C'est un travail complexe, qui permet de distinguer les dynamiques et les possibles tensions entre deux personnes. C'est la nature de cette relation qui permettra d'affiner le travail : en effet, on ne va pas regarder les mêmes choses s'il s'agit d'un couple d'amoureux ou d'un duo de collaborateurs ! Certaines personnes font de très bons amis, mais ne pourraient jamais travailler ensemble… Un brin de tension entre deux amants peut se traduire par une excellente dynamique sexuelle, mais, dans une relation platonique, elle se traduira sûrement par une frustration qui s'accumulera sans résolution.
- Dans le cadre d'une histoire amoureuse, la première question à se poser est : à quel type de relation aspires-tu ? Cherches-tu un ou une partenaire stable avec qui t'associer sur le long terme pour fonder une famille, quitte à abandonner un peu de passion au fil des ans ? Cherches-tu une personne qui va te surprendre au quotidien, quitte à être différente de toi ? Plutôt un double de toi, plutôt quelqu'un qui te complète ou plutôt quelqu'un de radicalement différent et donc de stimulant ? Tiens-tu à ta liberté quotidienne ou est-ce que les relations à distance sont rédhibitoires ? Valorises-tu la fidélité ou, au contraire, la non-exclusivité ? Le type de partenaire qui te convient sera bien différent selon ta réponse…
- Si tu cherches une réponse simple du type « avec ton Soleil en tel signe, il te faut quelqu'un avec tel Soleil en tel signe », tu t'es rendu compte d'à quel point le Soleil parlait de ton ego et de ta réussite personnelle… Ce n'est qu'une composante parmi d'autres. Tu peux tout à fait trouver l'amour chez une personne au Soleil différent du tien, mais dont le reste du thème fera écho à ta propre carte.
- Ah, l'amour, quelle matière mystérieuse ! Un astrologue peut analyser ce qui serait susceptible de fonctionner et de dysfonctionner, théoriquement, entre deux personnes, mais il est bien incapable de juger la volonté des deux parties de faire en sorte que cette histoire d'amour marche ! L'astrologie ne nie pas le libre arbitre, au contraire : tu es donc en pleine mesure de vouloir

faire des efforts ou d'accepter que tout ne fonctionne pas comme tu le souhaiterais dans ton couple, mais de refuser pourtant d'envisager la vie sans la personne que tu as choisie. Quant au désir… si on perçoit des indicateurs pendant la synastrie, deux personnes qui se veulent ardemment peuvent tout à fait résister à la tentation par devoir ou par orgueil, et deux personnes qui peinent à trouver l'alchimie du lit conjugal peuvent tout à fait parvenir à une vie sexuelle épanouie à force de communication, de confiance, d'humour et d'amour.

Est-ce que venir au monde avant terme change quelque chose à l'importance prêtée au thème astral ?

Pas du tout ! Notre venue au monde dépend de mille facteurs différents. L'heure de naissance marque généralement la première respiration du nouveau-né : c'est le moment où il arrive parmi nous officiellement, pour l'état civil, et symboliquement, pour les personnes qui l'accueillent. Que le bébé arrive spontanément ou qu'on l'invite à sortir parce qu'il tarde un peu trop ne change rien à l'affaire.

Qu'attendre d'une consultation avec un ou une astrologue ?

Tu es invité à te renseigner en amont sur la vision et l'éthique de l'astrologue en question. Tout comme pour les professionnels de la psychologie, la personnalité influe beaucoup sur notre pratique. Certains sont plus traditionnels dans leur appréhension du monde, d'autres plus modernes ou plus féministes. Certains sont plus fatalistes, d'autres insistent sur le libre arbitre. Le contact est aussi très important : parfois, on se sent plus ou moins à l'aise avec telle ou telle personne, c'est humain… On peut aussi réaliser une synastrie entre un consultant et son astrologue ! L'important, c'est que tu te sentes en confiance, car la consultation est un moment privilégié qui t'appartient totalement.

Tu peux donc espérer un regard extérieur sur ta carte : l'introspection ayant ses limites, il est parfois utile de recevoir une appréciation extérieure, sans jugement mais parfois plus objective, car débarrassée des croyances limitantes que tu portes en toi. Par ailleurs, les astrologues sont aguerris à l'exercice : à force d'analyser des cartes, ils dégagent des tendances et des récurrences, ce qui peut t'aider à y voir plus clair.

Est-ce que l'apprentissage de l'astrologie a une fin ?

Absolument pas ! Comme en philosophie, on peut découvrir de nouvelles approches et remettre en question sa discipline toute sa vie !

Mon astrojournal

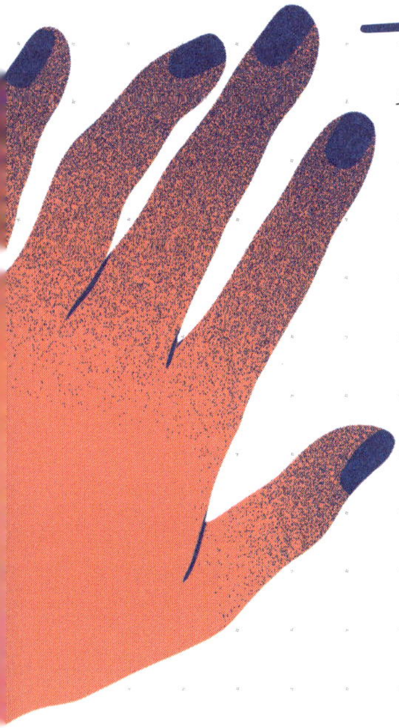

Cette partie t'appartient !
Notes-y les réflexions que tu feras tout
au long de ta lecture.

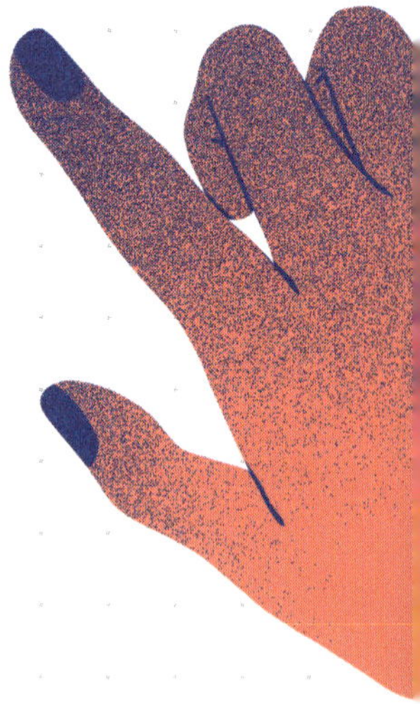

Ma carte est belle !

(voir p. 25)

J'observe ma carte du ciel, et je note...

La répartition des planètes toutes vers le bas

Mes impressions générales très concentré sur une zone

Mon mémo-zodiaque

(voir p. 28)

Je fais le tour des 12 signes du zodiaque, je note ce qu'ils m'inspirent...

	Préjugés	Qualités	Défauts
Bélier			
Taureau			
Gémeaux			
Cancer			
Lion			
Vierge			
Balance			
Scorpion			
Sagittaire			
Capricorne			
Verseau			
Poissons			

Ma boussole astrologique

(voir p. 65)

Je note les signes opposés mais complémentaires des axes suivants, et les pistes d'évolution qu'ils m'évoquent…

	Signes	Caractéristiques	Axes d'évolution
Axe de l'Ascendant / Descendant			
Axe du Fond du Ciel / Milieu de Ciel			
Axe(s) de mes planètes			

Tracker saisonnier

(voir p. 68)

Je note si une saison particulière se dégage dans ma carte, et ce qu'elle m'évoque…

Printemps (signes : Bélier, Taureau, Gémeaux)

Été (signes : Cancer, Lion, Vierge)

Automne (signes : Balance, Scorpion, Sagittaire)

Hiver (signes : Capricorne, Verseau, Poissons)

Elémentaire, mon cher astromapper…

(voir p. 70)

Pour savoir si un élément se dégage dans ma carte, je compte, à l'aide du tableau p. 246, mes planètes situées :

- dans un signe de Feu (Bélier, Lion, Sagittaire)
- dans un signe de Terre (Taureau, Vierge, Capricorne)
- dans un signe d'Air (Gémeaux, Balance, Verseau)
- dans un signe d'Eau (Cancer, Scorpion, Poissons)

A la mode astrologique

(voir p. 72)

Pour savoir si un mode se dégage dans ma carte, je compte, à l'aide du tableau ci-dessous, mes planètes situées :

- dans un signe cardinal (Bélier, Cancer, Balance, Capricorne)
- dans un signe fixe (Taureau, Lion, Scorpion, Verseau)
- dans un signe mutable (Gémeaux, Vierge, Sagittaire, Poissons)

Planètes	Signe	Élément				Mode		
		Feu	Terre	Air	Eau	Cardinal	Fixe	Mutable
Soleil ☉								
Lune ☽								
Mercure ☿								
Mars ♂								
Vénus ♀								
Cérès ⚳								
Jupiter ♃								
Saturne ♄								
Uranus ♅								
Neptune ♆								
Pluton ♇								
Je fais le compte								

Je peux commencer à esquisser quelques pistes (mes atouts et mes axes de développement) selon la dominante d'éléments et de modes dans mon thème...

	Atouts Alliances Ressources	**Zones d'ombre** Contradictions Axes de développement
Répartition des éléments	Présence d'un ou de plusieurs éléments :	Carence d'un ou de plusieurs éléments :
Répartition des modes	Présence d'un ou de plusieurs modes :	Carence d'un ou de plusieurs modes :

Ma carte d'identité astrale

(voir p. 86)

En quelques mots ou quelques images, ce que m'évoque...

Mon signe solaire :
Mon signe lunaire :
Mon Ascendant :

Mes planètes dans la roue du Zodiaque

(voir p. 87 à 110)

Je fais le point sur la position de mes planètes en signes...

	... s'imprègne des énergies du signe du :	... a pour dignité :	... et cela m'évoque :
Soleil ☉ Mon idéal Mon envie de réussir			
Lune ☽ Mon émotivité Ce qui me rassure			
Mercure ☿ Mon mental Mon verbe			

Vénus ♀ Ma sensibilité Mes affinités			
Mars ♂ Ma combativité Ma colère			
Cérès ⚳ Ma logique Ma compétence			
Jupiter ♃ Mon épanouissement Mon intégration sociale			
Saturne ♄ Ma frustration Ma responsabilité			
Neptune ♆ Mes illusions Mes rêves			
Uranus ♅ Mon indépendance Ma liberté			
Pluton ♇ Ma résilience Ma force intérieure			

Mes Maisons en signes

(voir p. 119)

Dans chaque Maison, je me confronte à un atelier spécifique avec l'énergie d'un signe...

	Dans ma carte, cette Maison est dans le signe du :	Qu'est-ce qui m'interpelle ?
Maison 1 « Je suis »		
Maison 2 « Je possède »		
Maison 3 « Je communique »		
Maison 4 « Je ressens »		
Maison 5 « J'aime »		
Maison 6 « Je sers »		
Maison 7 « Nous sommes »		
Maison 8 « Nous (dé)possédons »		
Maison 9 « Nous explorons »		
Maison 10 « Nous réalisons »		
Maison 11 « Nous partageons »		
Maison 12 « Nous nous abandonnons »		

Mes planètes en Maisons

(voir p. 119)

Je réfléchis aux missions que mes planètes accomplissent dans chaque atelier spécifique…

	… a choisi pour terrain de sa mission celui de la Maison n° :	… Maison qui a pour thématique :	… ce qui m'interpelle :
Soleil ☉ Mon idéal Mon envie de réussir			
Lune ☽ Mon émotivité Ce qui me rassure			
Mercure ☿ Mon mental Mon verbe			
Vénus ♀ Ma sensibilité Mes affinités			
Mars ♂ Ma combativité Ma colère			

	... a choisi pour terrain de sa mission celui de la Maison n° :	... Maison qui a pour thématique :	... ce qui m'interpelle :
Cérès ⚳ Ma logique Ma compétence			
Jupiter ♃ Mon épanouissement Mon intégration sociale			
Saturne ♄ Ma frustration Ma responsabilité			
Neptune ♆ Mes illusions Mes rêves			
Uranus ♅ Mon indépendance Ma liberté			
Pluton ♇ Ma résilience Ma force intérieure			

Mes dynamiques planétaires

(voir p. 205)

J'identifie les aspects planétaires confortables ou inconfortables qu'abrite ma carte...

Mes dynamiques astrologiques	Atouts Alliances Ressources	Zones d'ombre Contradictions Axes de développement
Aspects planétaires	Sextiles : Trigones :	Carrés : Oppositions :

Mon récit astrologique

(voir p. 246)

	… s'imprègne des énergies du signe du :	… a pour dignité :	… a choisi pour terrain de sa mission celle de la Maison :
Soleil ☉ Mon idéal Mon envie de réussir			
Lune ☽ Mon émotivité Ce qui me rassure			
Mercure ☿ Mon mental Mon verbe			
Vénus ♀ Ma sensibilité Mes affinités			
Mars ♂ Ma combativité Ma colère			
Cérès ⚳ Ma logique Ma compétence			
Jupiter ♃ Mon épanouissement Mon intégration sociale			
Saturne ♄ Ma frustration Ma responsabilité			
Neptune ♆ Mes illusions Mes rêves			
Uranus ♅ Mon indépendance Ma liberté			
Pluton ♇ Ma résilience Ma force intérieure			

... a formé des alliances avec ces planètes :	... mais peine à trouver un équilibre avec les suivantes :	Ce que j'en retiens :

Balades guidées

(voir p. 219)

Je note et je recoupe les informations liées à la thématique qui m'interpelle...

Astro-émotions : je note les indices fournis par...

* La Lune :
* La Maison IV :
* La Maison VIII :
* La Maison XII :

Astro-boulot : je note les indices fournis par...

* La Maison II :
* La Maison VI :
* La Maison X :

Astro-famille : je note les indices fournis par...

* La Lune (la mère) :
* Cérès (l'éducatrice) :
* Le Soleil (le père) :
* Saturne (l'autorité éducative) :
* Mercure et Vénus (les frères et sœurs) :
* La Maison IV :

Astro-couple : je note les indices fournis par...

* Soleil et Mars :
* Lune et Vénus :
* Maison VII :

Astro-sexo : je note les indices fournis par...

* Mars :
* Vénus :
* Pluton :
* Lilith :
* Maison V :
* Maison VIII :

Astro-création : je note les indices fournis par...

* Soleil
* Lune
* Vénus
* Jupiter
* Maisons II, IV, X
* Maison V

Mon carnet de voyage

Les impressions que je garde de ce voyage astrologique...

Mes révélations : ce que j'ai découvert sur moi

*

*

*

Ma bucket-list : mes désirs à réaliser

*

*

*

Mon prochain défi : vers de nouvelles aventures

*

*

*

Mes petits rituels : mes routines vers la joie et l'apaisement

*

*

*

BIBLIOGRAPHIE

L'Homme Zodiaque, Zoé Fachan, Agep.
Astrologie ; symboliques, calculs, interprétations, André Barbault, Seuil.
Traité d'astrologie contemporaine, Didier Bétourné et Zoé Fachan, PUF.
Cours d'astrologie ; les bases fondamentales, Bernard Crozier, éditions du Rocher.
La Pratique de l'astrologie, Dane Rudhyar, Médicis.
Une histoire illustrée de l'astrologie, Myriem Lahidely, Ouest-France.

REMERCIEMENTS

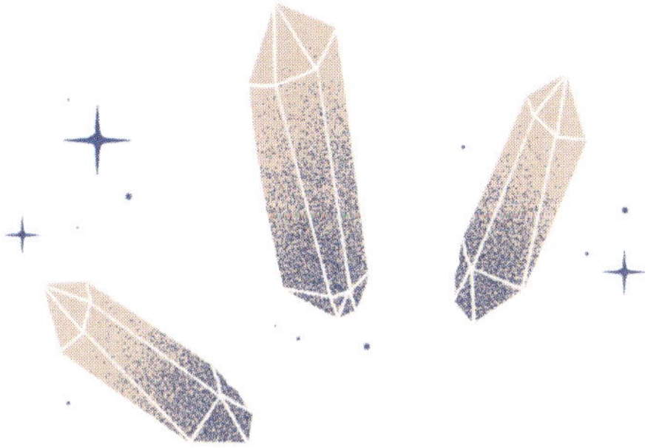

À la Vierge Lama et à la Balance Marion, pour leur confiance précieuse.
À la Bélier Clémence, pour son enthousiasme.
À une autre super Bélier, Lauriane, pour m'avoir généreusement ouvert sa bibliothèque.
À la Lionne Martine et au Gémeaux Alain, pour leur indéfectible soutien.
Aux géniales Scorpion Noémie et Zoé, qui m'inspirent tant depuis l'enfance.
Au Cancer Dorian, avec qui il est si formidable de contempler les étoiles.
Au Sagittaire Z, qui ne cesse de me surprendre.

Direction : Jean-Louis Hocq
Direction éditoriale : Marion Guillemet-Bigeard
Édition : Lama Younès-Corm
Correction : Chloé Chauveau
Conception de la couverture et de la maquette intérieure : Clémence Gouy
Illustrations : Clémence Gouy
Mise en pages : Nord Compo
Fabrication : Laurence Duboscq

ISBN : 978-2-263-16937-3
Code éditeur : L16937
Dépôt légal : avril 2020

Imprimé en France par Clerc

Retrouvez-nous sur www.solar.fr

MIXTE
Issu de sources responsables
FSC® C003309

Solar, un département d'Édi8
92, avenue de France, 75013 PARIS